D1672002

Klett-Cotta *Leben!*

Brigitte Holzinger

# Anleitung zum Träumen

Träume kreativ nutzen

Klett-Cotta

Klett-Cotta
www.klett-cotta.de
© J. G. Cotta'sche Buchhandlung Nachfolger GmbH, gegr. 1659,
Stuttgart 2007
Alle Rechte vorbehalten
Fotomechanische Wiedergabe nur mit Genehmigung des
Verlages
Printed in Germany
Umschlag: Roland Sazinger, Stuttgart
Titelbild: photocase.com – Petra Hilke
Gesetzt aus der Concorde von Kösel, Krugzell
Auf säure- und holzfreiem Werkdruckpapier gedruckt
und gebunden von Kösel, Krugzell
ISBN: 978-3-608-86008-5

Bibliografische Information der Deutschen Nationalbibliothek
Die Deutsche Nationalbibliothek verzeichnet diese Publikation
in der Deutschen Nationalbibliografie; detaillierte bibliografische Daten sind im Internet über http://dnb.d-nb.de abrufbar.

# Inhalt

# Vorwort

Dieses Buch soll in erster Linie Freude machen – den Lesern beim Lesen (hoffentlich), vor allem aber beim Träumen. Ich muss zugeben, dass ich beim Recherchieren und beim Schreiben dieses Buches selber über weite Strecken große Freude empfunden habe. Meine Interviewpartner haben maßgeblich dazu beigetragen: Sie waren eine große Inspiration!

Dafür danke ich allen von Herzen: den Wissenschaftlern, den Kreativen und den Träumern!

Alle Träume, die ich in diesem Buch schildere, sind mir wirklich im Lauf der Jahre erzählt worden. Alle Träumer haben mir ihr Einverständnis gegeben, dass ich sie in diesem Buch veröffentlichen darf. Manche hatten sogar den Eindruck, dass sie es der Welt schuldig sind, ihr Wissen und ihre Erfahrungen über das Träumen anderen zugänglich zu machen. Aber um persönliche Grenzen und die Integrität der Person zu wahren, sind die TräumerInnen anonymisiert worden und kommen entweder ohne oder mit falschem Namen vor. Die WissenschaftlerInnen und KünstlerInnen, die Kreativen, sind allerdings mit richtigem Namen, korrekter Funktion und weitestgehend wörtlich zitiert.

Danken möchte ich noch einigen Leuten: allen voran meiner Freundin, Marguerite Kurz, die mich über viele Jahre hinweg inspiriert und unterstützt hat; allen KollegInnen aus der Schlafmedizin und der Traumforschung, ohne deren Arbeit wir nicht wüssten, was wir heute über Schlaf und Traum wissen, besonderer Dank gebührt Gerhard Klösch, der seit vielen Jahren das Institut für Bewusstseins- und Traumforschung mit mir leitet und ohne dessen Genauigkeit und Liebe zum Thema unsere Arbeiten nie möglich gewesen wären; ein großes Danke auch an alle KollegInnen aus der psychotherapeutischen Szene und ein großes Danke an alle Freunde, mit denen im Gespräch Ideen geflossen sind, an Larissa und besonders an meinen geduldigen Freund Andy Hill, der mir zum Schluss noch einige Formulierungen eingegeben hat. Diese Gelegenheit möchte ich außerdem nützen, dem Jubiläumsfonds der Österreichischen Nationalbank zu danken, der unsere Arbeit mit den Finanzen der Forschungsförderung überhaupt erst möglich gemacht hat. Danke auch an das Klett-Cotta-Team.

Dieses Buch richtet sich an Leserinnen und Leser, die mit ihren Träumen umgehen wollen, sich Tipps holen und sich inspirieren lassen wollen. Die einzelnen Kapitel geben meine höchstpersönlichen Zugänge wieder.

Ich versuche in diesem Buch, meinen Zugang zum Träumen und was uns Träume schenken können darzustellen, und erhebe damit nicht den Anspruch, allumfassend allem, was so existiert zum Thema Traum, gerecht werden zu wollen oder zu können. Manchmal ufere ich vielleicht ein wenig aus, aber richtig in esoterische Untiefen einzutauchen, vermeide ich, denn mir persönlich geben der psychologisch-psychotherapeutische und der naturwissenschaftliche Boden mehr Halt.

Nichts stellt Kontakt eher her und mit kaum etwas anderem wird man auch offener, offener für Einflüsse von außen wie mit einer Traumerzählung und einem Gespräch. Es schafft Kontakt, oder, wie der Psychotherapeut oder die Psychotherapeutin sagen würde, »Rapport« und zwar direkt, tief und schnell! Einander Träume mitzuteilen verbindet! Es ist kaum vorstellbar, dass man einander Träume mitteilt, in Ruhe und mit Respekt und Achtung, und dass man sich danach aggressiv und zerstörerisch begegnen könnte. Man öffnet sich, teilt seine verwundbare, fragile, kindliche, oft lustige und humorvolle Seite mit.

Meine Thesen gründen in der Gestalttheorie, so habe ich ja auch einen meiner größten Mentoren kennengelernt, Paul Tholey. Er hat aus der Gestalttheorie heraus das Klarträumen entwickelt. Die Gestalttheorie ist eine Erkenntnistheorie, die sich mit der Gestaltpsychologie entwickelt hat. Die Gestaltpsychologie ist jedem jedenfalls über Bilder bekannt: die sogenannten Kippbilder oder Vexierbilder, die alte und die junge Frau zum Beispiel. Gestaltpsychologie und Gestalttheorie gehen davon aus, dass es eine Wirklichkeit gibt, die uns letztlich verborgen bleiben muss, an die wir uns aber annähern, einerseits über Wahrnehmen, über das Phänomen und damit das Phänomenale, und andererseits über das Erfassen der Dinge über Mathematik und Physik, die der Naturwissenschaft also. Beide Zugänge werden als gleichwertig gepflegt!

Das beschreibe ich deshalb so genau, weil mir diese Art zu denken, gerade wenn es um Traumforschung geht, sehr geholfen hat. Von dieser Warte aus gibt es keinen Graben zwischen naturwissenschaftlichen Zugängen und psychodynamischen Erklärungen und Denkarten, denn sie können plötzlich gleichberechtigt koexistieren und haben beide Wertvolles beizutragen. Traditionell ist es für Psychiatrie und Psychotherapie eine große Schwierigkeit, die Kluft zwischen den naturwissenschaftlichen Erklärungen und den psychotherapeutisch-psychodynamischen Zugängen zu überbrücken. Diese Kluft hat Hass und Neid, gegenseitiges Ignorieren und tiefe Grabenkämpfe verursacht und u. a. auch dazu geführt, dass in der Traumforschung die meisten Repräsentanten entweder ins Feld der Naturwissenschaften oder ins Feld der Psychodynamik, des Erlebens, gehören. So werden sie jedenfalls wahrgenommen.

So wird etwa Allan Hobson, ein weiterer wichtiger Mentor von mir, der mich auf allen Ebenen der Traumarbeit unglaublich inspiriert, wenn nicht geprägt hat – ein ganz großes Danke an Allan Hobson –, als Reduktionist, Freud-Kritiker und strikter Naturwissenschaftler rezipiert. Er hat sich zum Teil auch selber so platziert. Die wenigsten wissen aber, dass er selber klarträumt und ein Interesse am Klarträumen – wissenschaftlich und persönlich – hat und dass er selber als Psychotherapeut gearbeitet hat, dass er jetzt in seinen späteren Lebensjahren sein Anwesen in ein Traummuseum umgewandelt hat und dort die erste Wanderausstellung zum Thema Schlaf, aber vor allem REM-Schlaf und damit dem Träumen, allen, die sie sehen wollen, zur Verfügung stellt. Diese Wanderausstellung hat er vor etwa dreißig Jahren mit seinem Team kreiert.

So also ist die Landschaft, die man im Hintergrund mitdenken muss, bei allen Themen, die uns heute beschäftigen. Letztlich ist es das berühmte Leib-Seele-Problem, das uns jetzt schon viele Jahrhunderte begleitet. Ich glaube, dass uns auch beim Thema Traum, wie bei vielen interessanten Gegenständen, eine Mehrdimensionalität unseres Denkvermögens abgeht, mit der wir manches besser verstehen und erklären könnten. Jetzt könnte man sagen, dass man, worüber man nicht ausreichend denken kann, schweigen sollte. Aber ich glaube sogar, dass uns das Träumen, das Phänomen Traum, REM-Schlaf und was sonst noch in den Themenkreis gehört, sogar helfen kann, die Fähigkeit zu entwickeln, einen kleinen Blick in diese Vieldimensionalität zu werfen.

So sind also alle meine Gedanken und Zugänge zum Thema immer auch vor dem Hintergrund der dazugehörigen Physiologie entstanden – was passiert im Körper, wenn wir träumen, und von welcher körperlichen Grundlage ist auszugehen, wenn wir uns mit dem Träumen befassen.

Vielleicht war John Lennon mit seinem wunderbaren Lied »Imagine«, das viele Jahre mein Lieblingslied war, viel mehr Visionär, als uns klar war, wenn er uns in der dritten Strophe erzählt:

> **You may say I'm a dreamer**
> **But I'm not the only one**
> **I hope someday you'll join us**
> **And the world will be as one**

# **1.** **T**raumspuren
## Oder: Wie wir unseren Träumen näher kommen

Um mit Träumen umzugehen und mit ihnen zu »arbeiten«, gibt es viele verschiedene Wege. Zunächst muss man sie einmal erinnern. Träume zu erinnern ist keine Gottesgabe oder besonderes Talent, sondern Übungssache und Spiegel dessen, wie ernst man sie nimmt, wie wichtig sie einem sind und wie sehr man sie schätzt. Es gibt allerdings auch Lebenssituationen, in denen Träume sich aufdrängen. Dann wollen sie beachtet und gehört werden.

Aber wie können wir unseren Träumen näher kommen? In diesem Buch finden Sie Wege, die mir am effektivsten scheinen, zu Kreativität und zu sich selbst führen können und dem Träumen dabei auch noch gerecht werden.

Wenn man sich also der Traumwelt zuwendet und das Interesse groß genug ist, muss man sich von etwas verabschieden, das ursprünglich neugierig gemacht hat: nämlich, dass man den wahren Sinn des Traumes erkennen kann. Träume sind kreative, nächtliche Fantasien, auf einem anderen Boden als dem des Wachens gewachsen, nämlich dem des Schlafs, meistens dem des REM-Schlafs. Träume können zu bedeutenden Inhalten, Lebensereignissen, Verhaltensweisen, Zusammenhängen und zum Verstehen führen. Aber von vornherein den Anspruch zu haben, das Rätsel lösen zu können, führt mehr zu einem Wer-hat-Recht und damit einem Schulenstreit als zu innerer Weite oder innerem Wachstum.

Träume machen neugierig. Wir wollen das Rätsel lösen, wollen eine Botschaft erkennen, Führung erhalten, uns entwickeln und vielleicht sogar dem Göttlichen und der Erlösung näher kommen.

Es gibt nicht nur *eine* richtige Traumdeutung

Doch bei all unserem Wollen dürfen wir nicht vergessen, dass Träume Geburten unserer Köpfe, unseres Geistes, unserer Seele und unseres Körpers sind, auch wenn wir vielleicht daran glauben, dass das sogenannte höhere Selbst durch unsere Träume zu uns spricht, so sind Träume dennoch von uns geträumt.

Welchen Aspekt allerdings ein Traum berührt, kann nur vom Träumer selbst wirklich erfahren werden. Natürlich wollen wir wissen, was es bedeutet, vom Fliegen und Fallen, von Schlangen und Spinnen, von Wasser und Feuer oder anderen beliebten Traumthemen zu träumen. Selbstverständlich wollen wir wissen, warum wir ein und denselben Traum immer wieder träumen oder warum wir ein Traumthema wie in Fortsetzung immer wieder träumen. Diese Träume berühren etwas in uns, sie wollen etwas sagen, sie wollen Aufmerksamkeit! Unsere Träume sagen auch etwas, aber sicherlich nicht das, was man in einem Traumdeutungsbüchlein findet.

Ein Traumthema, das wahrscheinlich jede von uns kennt, ist mir kürzlich wieder in meiner Praxis begegnet: sich in der Öffentlichkeit im Evaskostüm wiederzufinden. Frau F., eine junge Frau, die mich wegen ihrer Schlafstörungen aufgesucht hat, erzählt mir im Lauf ihrer Therapie folgenden Traum:

»*In meinem letzten Traum ging es um ein Pferderennen. Das Rennen war in einem eher dunklen, niedrigen, engen, kleinen Zimmer, und es schien mir, dass der Parcours ansteigend über Stufen eine Runde bildete. Die Stufen habe ich noch in guter Erinnerung. Ich absolvierte also meine erste Runde und war nicht unter den Besten, aber auch nicht so schlecht. Dann versuchte ich es mit einem anderen Pferd noch mal. Nach und nach bemerkte ich, dass ich nackt war. In der nächsten Runde war ich noch mehr zurückgefallen. Wieder wechselte ich auf ein anderes Pferd, weil ich auch einmal gewinnen wollte und andere schon mit diesem Pferd gewonnen hatten. Die Nacktheit wurde für mich immer deutlicher, und ich hatte große Schamgefühle, und es war mir sehr unangenehm, aber niemand reichte mir etwas zum Anziehen. Ich konnte es nicht glauben, dass ich wieder nicht gewonnen hatte – ganz im Gegenteil, ich fiel immer weiter zurück, und je öfter ich es versuchte und gewinnen wollte, umso mehr war das Pferd behindert und es schien durch irgendetwas blockiert zu sein. Selbst im Traum konnte ich es nicht fassen, dass ich nicht gewinne, und versuchte es immer weiter. Je aggressiver ich es versuchte, umso blockierter schien das Pferd zu sein und je mehr wurde mir die Nacktheit bewusst und umso unangenehmer und fast unerträglich war es für mich, das Rennen zu bestreiten, aber ich wollte unbedingt gewinnen, und so versuchte ich es weiter und weiter. Irgendetwas schien das Pferd – also mich – zu behindern. Die anderen Teilnehmer schienen aber von meiner Nacktheit keine Notiz zu nehmen – sie nicht einmal zu bemerken. Ich spürte irgendwie, dass dieses schreckliche Gefühl der Nacktheit – es war äußerst unangenehm, ich fühlte mich schrecklich unwohl, nicht vollständig, nicht normal – aber nur von mir ausging und es mit jedem verlorenen Rennen immer größer wurde.«*

Sie erzählt weiter:

*»Irgendwann bin ich aufgewacht, und zum ersten Mal in meinem Leben habe ich verstanden, was der Traum mir sagen will. Ich bin es selber, die mir im Wege steht und die sich blockiert und behindert. Ich wechselte ständig auf das beste Pferd, aber in dem Augenblick, in dem ich damit ins Rennen gehe, wird es zu einem lahmen Gaul. Also liegt es nur an mir, und ich habe aber die Möglichkeiten dazu in der Hand, eine Situation zu ändern, wenn sie mir nicht gefällt. So habe ich versucht, die Sache, die mir am meisten am Herzen lag, zu lösen bzw. zu ändern.«*

*(Dazu ist zu sagen, dass diese junge Frau ein Kurzstudium absolviert. In diesem Studienlehrgang hat sie sich mit einer Kollegin angefreundet, die sie einerseits sehr mag, mit der sie andererseits aber auch konkurriert.)*

»Ich habe meiner Studienkollegin eine E-Mail mit jenen Punkten geschrieben, die mich in der letzten Zeit an ihr gestört haben und wo ich mich ungerecht behandelt fühlte und ich mich deshalb immer mehr vor ihr zurückgezogen habe – was die Situation nicht verbessert hat, sondern mir das Zusammentreffen mit ihr immer unerträglicher machte. Da ich aber sehr froh bin sie in der Gruppe zu haben, und sicherlich noch einige Semester mit ihr verbringen werde, war mir sehr an einer Bereinigung bzw. Lösung der Unstimmigkeiten gelegen. Sie hatte ja keine Ahnung, worum es mir geht. Die Antwort dieser Kollegin hat mich immens gefreut, sie hat sich nämlich entschuldigt, wusste, dass sie sich immer wieder mal wie der Elefant im Porzellanladen benimmt.«*

Auf die Frage, woran sie dieser Traum erinnere, sagt sie, dass sie immer wieder in Situationen komme, wo sie sich als Schlusslicht fühle. So auch in dem Lehrgang, den sie vor einigen Monaten zusätzlich zu ihrer Arbeit begonnen hätte. Da gibt es eben diese Kollegin, die sie eigentlich sehr mag, von der sie sich aber immer wieder »abgehängt« fühlt. Durch den Traum wäre sie motiviert worden, diese Kollegin zu kontaktieren, um ihr das zu sagen. So etwas hätte sie bisher nie gemacht. Sie hätte sich bisher immer zurückgezogen und den Kontakt vermieden.

Man könnte hier an dieser Stelle noch viel mehr über Frau F. erzählen, z. B., dass sie zwei Schwestern hat, sie als älteste immer den jüngeren gegenüber zurückstecken musste und dass sie dem Vater ähnlich sei und nicht der Mutter … Wenn man mit Träumen zu arbeiten beginnt, kann das sehr weit führen.

Zunächst möchte ich aber bei den Traumbildern bleiben:

Die Klientin fragt mich, warum bin ich immer wieder nackt in meinen Träumen? Die Nacktheit kommt in ihren Träumen seit ihrem Teenageralter vor. Meistens sind sehr viele Menschen in einem Raum – damals im Kinderzimmer –, sie ist als Einzige nackt mitten unter all den Menschen. Wieder scheint dies den anderen nicht aufzufallen, aber ihr ist es im Traum sehr unangenehm. Sie schämt sich. Die Nacktheit wird ihr im Traum nach und nach bewusst, und je mehr sie ihr bewusst wird, umso stärker wird das Schamgefühl. Es wird so unangenehm, dass es fast an Panik grenzt. Sie kann sich nirgends verstecken und keiner reicht ihr etwas zum Anziehen – bis sie schließlich aufwacht.

Selbstverständlich gäbe es jetzt viele Wege, um an den Traum heranzukommen. In diesem Fall aber schlage ich vor, den Traum mal wörtlich zu nehmen: »Sich-eine-Blöße-Geben«. Ich frage, ob das eine Thematik in ihrem Leben sei, die ihr immer wieder mal Sorgen macht. Nach einer längeren Nachdenkphase erzählt F. weiter, dass sie sich jetzt viel mehr Träume merke und dass sie auch begonnen hätte, sich ihre Träume aufzuschreiben. Dass sie das aber gleich nach dem Erwachen tun müsse, denn sonst wäre das Gefühl für den Traum weg. Und in diesem Fall ist das Gefühl Scham.

Würde man das Klischee – Frau auf dem Pferd – als Traumsymbol verstehen, wie es in vielen Traumdeutebüchern steht, wäre dieses Bild als Sextraum zu interpretieren.

Gibt es verbindliche Traumsymbole?

Aber um Sex ging es der Klientin hier nicht.

Ich hake nach: »Träume sind Gefühle in Bildern, in bewegten Bildern.«

Sie antwortet: »Ja, das ist ein Traumthema, das mich schon mein ganzes Leben begleitet: Immer wieder habe ich Situationen geträumt, in denen ich nackt war und die anderen bekleidet waren – immer habe ich darauf gewartet, dass mir jemand etwas zum Anziehen reicht. In einem dieser Träume liege ich nackt auf meinem Bett, alle anderen sind angezogen und niemand beachtet mich, aber ich fühle mich anders, ausgeschlossen und eben nackt.«

Wiederum lautet meine Frage, woran sie das erinnere. Sie beginnt von ihren Schwestern zu erzählen, sie hätte immer den Eindruck gehabt, dass sie von der Mutter bevorzugt würden und sie sich immer geschämt habe, weil sie das Gefühl hatte, anders zu sein.

Um sicher zu sein, auf der richtigen Spur zu sein, frage ich noch mal nach, ob sie das Gefühl hätte, dass auch ihre Grenzen verletzt worden seien oder ob es eine sexuelle Erregung gegeben hätte – worüber sie einige Augenblicke nachdenkt und sagt: Nein, es ginge darum, völlig allein gelassen worden zu sein und dass sie sich schäme. Die Mutter hätte zu ihr auch immer gesagt, sie solle sich schämen, sie wäre wie ihr Vater und überhaupt – sie würde nicht benachteiligt werden – sie solle sich schämen, wie sie auf solche Gedanken komme!

Ich biete noch einmal eine direkte Übersetzung der Traumsprache an: Der Traum könnte darstellen, dass sie sich eine Blöße gibt, dass sie bloßgestellt ist. Es könnte sein, dass sie dieses Bild für Scham und Peinlichkeit schon so früh gelernt hat, und so könnte dieses Bild abgewandelt in Situationen wiederkommen, in denen sie sich schämt – für Gefühle schämt, von denen ein anderer sagt, dass sie sie nicht haben dürfe.

Andersherum funktioniert diese Art der Übersetzung nicht, denn ein anderer könnte das Bild von Scham, Versagen oder Demütigung zum Beispiel im Traum als Matura- oder Abiturbild erleben: Man kommt zu spät oder hat nichts geschrieben und die Zeit ist schon abgelaufen. Die individuellen Erfahrungen formen unsere Traumsprache, deshalb kann jeder nur seine eigene Traumsprache verstehen lernen – ausgehend von dem dahinter liegenden Gefühl, das im Traum umspielt wird. Das bedeutet, dass dieser häufig erzählte Matura- oder Abiturtraum für einen anderen nicht Scham, sondern z. B. Angst »verkörpert«. Deshalb hängt die Bedeutung des Traumes vom Träumer ab.

Man könnte dann natürlich noch weiter fantasieren, dass es in unserem Traum auch darum geht, wer die bessere Frau (auf dem Pferd im Wettbewerb) ist – aber dieses Thema beschäftigte uns in einer anderen Therapiestunde. Wenn man sich schämt, muss man sich in sich zurückziehen, und mit der Konsequenz, die sie aus dem Traum gezogen hat, hat sie sich selber ein Stück weit angenommen und den Makel in eine Stärke verwandelt – der Stärke nämlich, mit Offenheit auf die Kollegin zuzugehen, die sie ja eigentlich auch sehr mag. Denn was sie bisher getan hat, sich zurückzuziehen und durch die Angst sich eine Blöße geben zu können, verursacht, dass sie sich eine Blöße gibt und deshalb in

Abwehr und Kampf – Wettkampf – wer ist die Bessere? gehen musste.

Übrigens ist bei Menschen mit Schlafstörungen sehr häufig eine Angespanntheit zu finden. Eine Angespanntheit, die die unterschiedlichsten Ursachen haben kann: Angst, Ärger, Wut, Probleme, Bedrohung, Stress ... In unserem Beispiel zeigt sich im Traumbild sehr schön die hinter den Schlafproblemen liegende Angst, die Angst, sich eine Blöße zu geben, weil sie anders und dadurch weniger liebenswert sein könnte.

Als kleines Abschlussritual fordere ich die Klientin auf, sich in die Mitte des Raumes zu stellen. Ich reiche ihr Decken – sie freut sich sehr und bedeckt sich mit diesen Decken und sagt, da rieselt's mir ja richtig den Rücken runter – so bedeckt zu sein fühlt sich wunderbar warm an!

Im Traum nackt zu sein ist ein Traumbild, das häufig erzählt wird. Meiner Ansicht nach sind Träume, wie gesagt, Gefühle in bewegten Bildern. Es wäre aber ein Fehler, aus diesem kleinen Traumarbeitsbeispiel zu folgern, dass es immer um Scham und Peinlichkeit, um ein Bloß-gestellt-Sein geht, wenn Nacktheit vorkommt. Es könnte sein, es könnte aber auch sein, dass es bei Ihnen um andere Themen geht, wie z. B. Sexualität, Grenzen, oder um etwas ganz anderes. Fragen Sie in erster Linie nach dem Traumgefühl. Ist das Gefühl einmal identifiziert, bildet dies die Basis dafür, dass Sie Ihren Traumplot verstehen, zerkauen, verdauen und schließlich annehmen. Aber nicht nur in der Therapie geht es darum, sich immer besser kennen- und annehmen zu lernen. Ich denke, wollen wir nicht stagnieren, gilt es sich zu entwickeln, die eigene Identität zu erweitern, und Träume können dabei enorm helfen, egal worum es geht: Kreativität, Spiritualität, Psychotherapie, Persönlichkeitsentwicklung, Sport ... – das hängt davon ab, was Ihnen im Augenblick gerade wichtig ist, oder wie der Wiener sagt, was gerade ang'sagt ist.

Ein Traum zeigt ein Bild, einen Gedanken von Ihnen, einen Aspekt von Ihnen. Deshalb ist es auch nicht ganz unproblematisch, nach Traumbildern oder Traummustern zu suchen, die

Träume – Gefühle in bewegten Bildern

bestimmte Störungsbilder »verkörpern«. Dennoch: viele Gedanken formieren schließlich eine ganz spezifische Problematik.

Zur Illustration ein Traum einer anderen jungen Frau, die wegen eines ganz spezifischen Problems in Psychotherapie gekommen ist – raten Sie, was ihr Problem ist:

>*Ich träumte, dass ich ein Klo betreten wollte. Ich war also im Begriff, es zu betreten, die Türklinke schon in der Hand. Ich war dabei, den Ort der absoluten Stille zu betreten, als ich auf der anderen Seite der Tür, also praktisch der Gegenübertürklinke (die von innen), die Hand einer Frau spürte. Ich sah diese Frau: sie war alt, circa 70 oder einfach nur verbraucht, verwahrlost, eine Sandlerin, wie man so schön sagt, eingehüllt in einen schäbigen Wintermantel, ein Plastiksackerl in der anderen Hand. Die Zähne haben ihr gefehlt. Sie lachte schäbig, mir mitten ins Gesicht, hexenhaft, das Gesicht kam immer näher an mich heran. Es sprang mich an, es war so echt und fürchterlich, sodass ich aus der >nächtlichen Ruhe< aufschreckte ...«*

Einerseits haben Sie vermutlich das Gefühl, zu verstehen, was in dieser jungen Frau vorgeht, andererseits ist das vermutlich nicht so leicht in Worte zu fassen. So ist das mit den Träumen. Man vermittelt sich, wenn man sie erzählt, sehr pur. Die Beschreibung wäre aber hoch komplex und ziemlich umfassend. Bilder sagen eben mehr als 1000 Worte!

Selbstverständlich ist die Biografie dieser jungen Frau sehr komplex und vielschichtig. Ihr Hauptproblem in der Zeit, aus der der oben beschriebene Traum stammt, ist, dass sie Alkohol trinkt, um sich zu beruhigen, und ihr Trinken nicht kontrollieren kann. Die alte Hexe ist vermutlich Spiegel dessen, wovor sie Angst hat, nämlich eine alte einsame Pennerin zu werden, wenn sie ihr Trinken nicht zu bewältigen lernt.

Auf der Suche nach Bedeutung und Funktion des Träumens sind an unserem Institut – Institut für Bewusstseins- und Traumforschung in Wien, das ich gemeinsam mit Gerhard Klösch leite –

Studien durchgeführt worden, die unsere Fragen erhellen sollen. U. a. hat Elisabeth Deltl zeigen können, dass AlkoholikerInnen nach dem körperlichen Entzug, in der Zeit des psychischen Entzugs vermehrt vom Trinken träumen. Ein Versuch, die neue Lebenssituation zu verkraften, und eine mögliche Sichtweise des Traumes der jungen Klientin?

Claudia Poje hat sich für die Träume Blinder interessiert. Interessant ist, dass blind Geborene mit den von ihnen wahrgenommenen Sinnen träumen. Sie sehen nicht im Traum wie wir anderen, sondern hören, spüren den Raum, die Schwerkraft, so wie ihre Sinne eben auch im Kontakt mit der Welt da draußen ausgebildet wurden.

*Wie träumen blind geborene Menschen?*

Und Kinder: wie träumen Kinder? Das Ergebnis war faszinierend: Martina Ranner hat Kindergartenkinder betreut und so diese Studie durchführen können: Kinder lernen Träume erst ab dem 3. Lebensjahr als Träume zu identifizieren und von anderen Geschichten oder Fernsehprogrammen zu unterscheiden. Mit dem 6. Lebensjahr ist dieser »Realitätssinn« vollkommen ausgebildet, und wir wissen, wann wir träumen und wann wir wach sind.

*Wie träumen Kinder?*

Können Tiere träumen? Diese Frage ist mir während meines Forschungsaufenthalts am Konrad-Lorenz-Institut in Altenberg gestellt worden. Diese Frage ist letztlich nicht zu beantworten, also habe ich namhafte Verhaltensforscher befragt, ob sie etwas über mögliche Träume ihrer Schützlinge beobachten haben können. Alle haben geantwortet und alle waren einhellig der Meinung, dass ihre Lieblinge mit Sicherheit träumen. Man würde sie ja dabei beobachten. Man sehe doch, dass sie ihre Augen bewegen und mit ihren Beinen und Füßen versuchten, zum Beispiel davonzulaufen! Dazu muss ich sagen, dass es Verhaltensforscher waren, die sich ausschließlich mit Säugetieren, also Primaten, Gorillas, Schimpansen, Bonobos, aber auch mit Hunden, Katzen, Delfinen und Walen beschäftigten. Jane Goodall hat sogar geantwortet, dass die Frage falsch gestellt sei – man solle fragen, warum Tiere nicht träumen sollten!

*Können Tiere träumen?*

Im Zentrum des Interesses unseres Instituts steht das luzide Träumen, dem in diesem Buch ein ganzes Kapitel gewidmet ist.

Luzides Träumen oder Klarträumen meint Träume, in denen man weiß, dass man träumt, *und* weiß, dass man, wie im Wachen auch, über Handlungsfreiheit verfügt, dass man die Wahl hat, entscheiden kann, was als Nächstes geschieht. In den letzten Jahren hat sich unser Untersuchungsschwerpunkt darauf gerichtet, was man mit dem luziden Träumen anfangen kann. Zur Zeit beschäftigen wir uns mit Albtraumbewältigung durch luzides Träumen. Ich kann schon verraten: es funktioniert wunderbar!

Basierend auf unseren eigenen Forschungen und denen anderer möchte ich Ihnen in diesem Buch die verschiedenen Zugänge zu Traum, Traumforschung und Traumdeutung vermitteln, nahe bringen, wie ich Traum und Träumen verstehe. Ich möchte Sie anregen, sich mit dieser wunderbaren Welt des Träumens zu befassen und sich von ihren nächtlichen Abenteuern inspirieren zu lassen.

| **Übung** | Träume erinnern und erspüren |

Teil 1:

Einige Grundregeln

1) Respekt der Traumwelt und damit uns selber gegenüber ist die Grundvoraussetzung, damit sich uns unsere Träume erschließen lassen. Ich meine die uneingeschränkte Wertschätzung diesen luftigen nächtlichen Kreationen gegenüber – bei gleichzeitiger humorvoller Leichtigkeit den daraus resultierenden Assoziationen gegenüber, die nicht unbedingt immer die Wahrheit wiedergeben.

2) Disziplin – Die Traumerinnerung und damit den Zugang zur eigenen Traumwelt schärft man nämlich am besten, indem man sich akribisch genau Träume notiert, am besten gleich nach dem Aufwachen. Wie man sich leicht vorstellen kann, erfordert das Motivation und die Überwindung des »inneren Schweinehundes«. Denn schlaftrunken, wie wir sind, und gerade noch umarmt von der eigenen REM-Schlafperiode, die ja, wie wir in Kap. 5 erfahren werden, mit völliger Entspannung der

Muskulatur einhergeht und uns noch wie gelähmt daliegen lässt, braucht es tatsächlich Überwindung, zum Traumnächtebuch zu greifen und den Traum, den man gerade noch einmal erinnert hat, zu notieren, zumal immer das Gefühl zurückbleibt, dass man nicht alles erfassen konnte.

Hier möchte ich innehalten und einige Hinweise darauf geben, wie man das Führen eines Traumnächtebuchs möglichst friktionsfrei bzw. frustrationsfrei pflegen kann:

Dieses Traumtage- oder -nächtebüchlein ist wichtig: Es sollte eines sein, das einem gefällt und den Zugang zur eigenen Traumwelt im wahrsten Sinne des Wortes verkörpert – eines, das diese mystische, vielversprechende und bunte Welt der Träume symbolisiert. Denn, wie gesagt, je mehr Wertschätzung und Liebe man der Traumwelt entgegenbringt, desto besser die Früchte. Ich glaube fest daran, dass eine innere Entwicklung beginnt, wenn man die Träume wertschätzend aufzuschreiben beginnt, selbst wenn man an dieser Stelle mit der Zuwendung den eigenen Träumen gegenüber endet. Rudolf Steiner – der Begründer der Antroposophie, ein sogenannter »Eingeweihter« (kundig über das Wissen der Theosophie) – hat das übrigens auch so beschrieben.

Wie erinnert man sich am besten?
Es gibt Menschen, die glauben, dass sie nicht träumen. Die Wissenschaft hat gefunden, dass wir jedenfalls während der REM-Perioden traumhaftes Geschehen registrieren. Wenn man Personen im Schlaflabor im REM-Schlaf weckt und danach fragt, was ihnen gerade durch den Kopf gegangen ist – denn nach den Träumen direkt fragt man nicht, um »falsche« Suggestionen zu vermeiden –, trifft man bei etwa 90% der Weckungen auf traumhaften Boden – so häufig werden Träume berichtet. Diese Träume können spektakulär oder interessant sein oder völlig beiläufig und nichtssagend, aber es handelt sich um diese bunten Bilderfolgen, die wir Träume nennen. Hier ist übrigens zu bemerken, dass wir uns dabei und übrigens bei der Erforschung der Träume insgesamt ganz auf die TräumerInnen verlassen müssen, dass nämlich die Geschichten, die sie uns erzählen,

tatsächlich geträumt und nicht frei erfunden sind. Das ist eine Voraussetzung, mit der die Traumforschung (jedenfalls bis heute) leben muss!

Die einzige mir bekannte und ich meine auch die einzig existierende Studie, die Menschen gefunden hat, die sich auch nach REM-Weckungen nicht an Träume erinnern haben können, ist von Peretz Lavie, einem interessanten und bedeutenden Schlafforscher aus Israel, der heute die psychiatrische Klinik in Haifa leitet. Er hat nämlich das Schlaf- und Traumverhalten traumatisierter Holocaust-Überlebender untersucht und gefunden, dass die, die erfolgreich ein neues Leben in Israel aufnehmen konnten – jene, die Familien gründen konnten und sich insgesamt als erfolgreich gesehen haben –, nichts erinnern, selbst wenn man sie direkt aus einer REM-Periode weckt (Lavie 1996). Sie erinnern sich im Übrigen auch nicht, oder wenn, dann nur sehr ungern und unwillig an die traumatischen Erlebnisse, die ihnen während des Zweiten Weltkriegs widerfahren sind.

Jedenfalls können wir davon ausgehen, dass wir, wenn wir biografisch nicht ganz besonderen Situationen ausgesetzt waren, jede Nacht mindestens vier- bis fünfmal träumen, je nachdem, wie lange wir schlafen, denn ein Schlafzyklus dauert etwa 90 Minuten (siehe Details in Kap. 5). Ob man nicht auch traumähnliche Vorgänge oder gar Träume die ganze Nacht hindurch erlebt, ist im Detail auch in Kap. 5 beschrieben (REM/Non-REM-Debatte).

Diese Tatsachen geben uns allerdings die Sicherheit, dass wir uns auch mehrmals pro Nacht an einen Traum erinnern könnten, wenn wir uns erinnern könnten. Aber wie?

Also:

3) REM-Schlaf: wird, neben anderen Kriterien, dadurch definiert, dass die Muskelspannung erloschen ist. Das zu wissen ist ein ganz wichtiger Punkt, wenn es um die Technik der Traumerinnerung geht! Wesentlich ist also nicht nur, dass man versucht, sich an den Traum Stück für Stück, Bild für Bild möglichst sinnlich im Detail zu erinnern, sondern dass wir uns beim Aufwachen möglichst nicht bewegen – möglichst nicht irgendwelchen Drängen zuerst nachgeben und uns etwa dabei oder danach an

den Traum zu erinnern versuchen, sondern dass wir wiederum die Disziplin aufbringen, sofort nach dem, oder besser gesagt, beim Erwachen reglos zu bleiben. Denn so erhält man jedenfalls eine der Bedingungen, unter denen geträumt worden ist: die Reglosigkeit des REM-Schlafs, und man kann so um vieles müheloser den gesamten Traum rekapitulieren, bis ins kleinste Detail sinnlich vor dem inneren Auge erfassen. Wunderschön sind diese Erinnerungssituationen, in denen ein kleines Detail, dem man nachgeht, mit innehaltender Neugier, aber ganz ohne Wollen und Zwang, den Inhalt »kommen« lassend, sich eröffnet wie eine Blüte, die sich im Zeitraffer als Blume offenbart. Wir lassen uns überraschen von den Details, die sich so bis ins Letzte oder beinahe bis ins Letzte erschließen lassen.

Stellen Sie sich einen Traum aus den letzten Nächten vor. Stellen Sie sich vor, Sie sind gerade aufgewacht und denken an das Traumbild von vorhin. Falls Ihnen kein eigener Traum einfällt, können wir auch so tun, als hätten wir alle folgenden Traum geträumt:

*Es fällt Ihnen ein großer Raum ein und zwei jüngere Frauen ganz vorne, eine macht einen Sprung in die Luft mit einer Grätsche und die andere hat gerade einen Salto gemacht. Sie erinnern sich noch, dazwischen gestanden zu haben. Jetzt erinnern Sie, dass Sie sich nicht bewegen wollten, um mehr von dem Traum erinnern zu können. Sie erinnern, dass Sie das mit offener Neugier machen wollten, und lassen also jetzt die Bilder einfach aufsteigen, eins nach dem anderen. Ja, da kommt das Bild von einem Oval, in dem nicht nur die beiden jungen Frauen, sondern, Sie selber zwischen den beiden und in weiterer Folge, viele Frauen gestanden sind. Sie erinnern, dass die ganze Gruppe eigentlich zusammen tanzen wollte, und erinnern, dass Sie sich über diese beiden Frauen eigentlich gewundert und auch geärgert haben, dass sie da so aus der Reihe getanzt sind und dass sie so das Gemeinsame unterbrochen haben und sich danach die Runde aufgelöst hat. Sie halten kurz inne, bringen aber dann doch wieder die Disziplin auf, sich weiter auf den Traum einzulassen. Da fällt Ihnen ein, dass Sie dann durch eine große Holztür gegangen sind mit den anderen, die nicht so aus der Reihe getanzt sind – was für eine Metapher –, diese beiden sind in der Tat aus der Reihe getanzt! Und dass dann, ja, dass dann ein neuer Tanz in diesem anderen, noch größeren, noch schöneren Raum begonnen hat, und Sie spüren den Rhythmus, der von der ganzen Gruppe getragen wird, der langsam einsetzt, und diese beinahe ekstatische Freude, wie Sie Ihre eigenen Schrittabfolgen im Rhythmus der Gruppe mit unheimlicher Freude und Leichtigkeit tragen lassen! Wie schön, dass Sie das jetzt auch noch erinnern haben können …*

Und dann

4) erinnern wir den Traum noch mal und versuchen, Eselsbrücken oder, wie manche Kollegen sagen würden, Anker zu setzen: Typisches aus jeder Szene hervorzuheben – ein charakteristisches Traumelement, ob Tier, ob Mensch, ob Gebäude oder Pflanze, Bewegung oder Ablauf. Das könnten in unserem Fall die beiden jungen Frauen mit Grätsche und Salto sein, der ovale Kreis, die große Tür aus Holz, der nun runde Kreis und der Rhythmus und das Gefühl des leichten ekstatisch-rhythmischen Tanzes. So, mit gesetzten Ankern und der Gewissheit, dass man den Traum, jetzt auch dann ganz erwacht, völlig ins Bewusstsein transportiert hat und deshalb bis ins Detail erinnern wird. Um ihn dann

5) genauso detailliert und sinnlich erfasst aufzuschreiben. Das ist wohl der mühevollste Schritt im Prozess des Träumeerinnern-Lernens. Man spürt dabei den Widerstand und die Mühe, die sich einstellen, wenn man die geträumten Bildfolgen in Worte und noch dazu geschriebene Worte fassen möchte. Aber die Mühe lohnt! Schon nach einigen so aufgeschriebenen Träumen erinnert man viel leichter und vermutlich auch viel mehr Träume, erwacht womöglich alle 90 Minuten, pünktlich nach jeder REM-Periode mit einer elaborierten Erinnerung an das, was man gerade geträumt hat.

Damit wäre wohl Teil 1 der Traumarbeit erfüllt. Ich habe mir oft die Frage gestellt, ob nicht dieser disziplinierende Prozess des Sich-Träume-Merkens und -Aufschreibens so nebenbei ein ziemlich wertvolles Nebenprodukt fördert: nämlich unser Gedächtnis – denn so ganz nebenbei schult und diszipliniert man dabei Gehirn und Geist.

Teil 2:
Der zweite Schritt – Traumarbeit redreamed:

Nehmen wir also an, es gibt einen Traum, der Sie ganz besonders beeindruckt hat und den Sie gerne näher untersuchen würden. Im besten Fall haben Sie ein Gegenüber, vielleicht eine/n PartnerIn, der oder die sich für Ihre Träume interessiert, mit dem Sie Ihre Traumarbeit fortsetzen können. Dieses Gegenüber sollte jemand sein, bei dem Sie sich gut aufgehoben fühlen und dem Sie eventuell Ihre privatesten, intimsten Wünsche, Gedanken und Einstellungen mitteilen können. Wenn es so ein Gegenüber nicht gibt oder es gerade keine Zeit hat, können Sie die Traumarbeit auch mit sich selber oder mit einem Aufnahmegerät durchführen.

6) Sie erzählen den Traum noch mal mit geschlossenen Augen, damit Sie sich auf innere Vorgänge konzentrieren können. Sie sollten dabei laut sprechen und die Gegenwartsform verwenden, gerade so, als ob der Traum im Augenblick noch einmal stattfände. Sie erzählen ihn so detailreich wie möglich. Dabei achten Sie bitte auf Ihre Wahrnehmungen, körperlichen Empfindungen, Ihre Einfälle und sprechen diese ebenfalls aus. Sie achten auf Stimmungen oder Atmosphären, die dabei entstehen, und sprechen sie ebenfalls aus. Welche Gefühle tauchen dabei in diesem Augenblick auf, was fällt Ihnen dazu ein? Der/die ZuhörerIn achtet dabei auf etwaige Veränderungen und hat ansonsten einfach nur die Aufgabe, aufmerksam zuzuhören.

7) Sie versuchen sich nun daran zu erinnern, mit welchem Gefühl und mit welchen körperlichen Empfindungen Sie aus dem Traum erwacht sind, und sprechen das auch aus.

8) Sie finden für diesen Traum einen Titel – wenn das schwierig sein sollte, benennen Sie das Thema.

9) Als Nächstes überlegen Sie, was diese Sammlung mit Ihnen, Ihrem Leben oder Ihrer Lebenssituation, gewissen Neigungen, Vorlieben, Eigenarten oder Situationen, die Ihnen immer wieder begegnen, zu tun haben könnte.

10) Haben sich neue Sichtweisen ergeben? Gibt es etwas, das Sie in

Zukunft anders machen wollen – jetzt gleich oder beim nächsten Mal.

Scheinen diese Anweisungen zu mechanistisch, zu abstrakt oder einfach zu mühsam? Vielleicht hilft es, wenn wir uns einen Traum einer meiner ehemaligen KlientInnen vor Augen führen – Punkt für Punkt vorgehen, wie sie es wohl hätte tun können. Namen der TräumerInnen nenne ich selbstverständlich nicht, aber die Träume selber stammen von meinen vielen KlientInnen, bei denen ich mich bei dieser Gelegenheit für ihr Vertrauen bedanken möchte und dafür bedanken möchte, dass sie mir erlauben, ihre Träume zu veröffentlichen, um anderen dabei zu helfen, ihre und die Traumwelt überhaupt verstehen zu lernen.

M., eine etwa 23-jährige Psychologiestudentin, erzählt nach der Anregung, wie ich sie unter Punkt 6)–10) beschrieben habe, verstört folgende Traumsequenz:

Anregung 6)

*Es ist dunkel, oder vielleicht halbdunkel, und ich gehe eine Straße den Hügel hinunter – rechts und links sind Häuser, in denen Menschen wohnen, die sind aber relativ weit weg. Irgendwie hat das Szenario etwa Bedrohliches. Ich sehe aus dunklen Gassen Figuren auftauchen, die auf allen vieren, struppig, sehr dünn, sich als mehrere Katzen entpuppen. Sie schleichen so herum und kommen mir dabei immer näher. An sich mag ich Katzen sehr gern, aber jetzt, wo sie mir immer näher kommen und diese Viecher ziemlich unfreundlich aussehen ... da springt eine an mir hoch und beißt mich in den Zeigefinger der rechten Hand! Ich möchte sie abschütteln, aber sie verbeißt sich immer fester, es kommen immer mehr davon, in verschiedenen Farben und Größen, ich weiß nicht, was ich tun kann! Werden Sie mich auch anfallen, davor ekelt mir! Ich habe genug vor dieser einen, die sich immer noch an meinem Finger festgebissen hat!*

Meine körperlichen Empfindungen beim Erzählen sind, merke ich jetzt, ein mulmiges Gefühl in der Magengegend und mein Nacken, der besonders angespannt ist. Die Atmosphäre ist unheimlich bedrohlich, auch jetzt beim Erzählen. Ich verstehe das alles nicht, ich liebe sonst Katzen, warum sollten sie mich anfallen? Da fällt mir ein, dass ich auf der Uni recht aggressiv geworden bin beim Anstellen, da gibt's so viele KollegInnen, und die Leute von der Uni kümmern sich einen Dreck um Fairness. Das hat mich sehr geärgert, aber selbstverständlich habe ich nichts gesagt, sondern voll Ärger gewartet. Ich bin gleichzeitig verwirrt, und ein Gefühl von völliger Abneigung und sogar Ekel wird immer stärker.

Anregung 7)
Beim Aufwachen hatte ich auch ein Gefühl von Verwirrtsein und vor allem von Bedrängung und Belästigtwerden.

Anregung 8)
Ein Titel könnte sein: »Katzenmenschen« oder vielleicht »Katzenbiss«, »Tierische Aggression« oder vielleicht »... wovor ich mich am meisten ekele ...«.

Anregung 9)
Ich hasse Ungerechtigkeiten und Anstellen und Sich-raufen-Müssen um einen Platz im Seminar, davor ekele ich mich ebenso, und noch mehr ekelt mich der Gedanke, dass mich diese Situation selber aggressiv gemacht hat und dass ich selbstverständlich nichts gesagt habe, da wird mir jetzt noch beinahe übel – diese Versager an der Uni können nicht mal eine reibungslose Administration durchführen. Na ja, es gibt auch viel zu viele StudentInnen.

Anregung 10)
Könnte dieses Traumbild diese Situation wiedergeben? Was mir immer wieder passiert, ist, dass ich mich voller Ekel abwende, wenn ich wütend geworden bin. Bevor ich riskiere, mich zu blamieren und rumzutoben, verlasse ich lieber das Terrain, das finde ich eleganter. Aggressive Frauen sind einfach derb. Aber vielleicht könnte der Traum ein Hinweis darauf sein, dass ich mich daran gewöhnen sollte, dass auch ich manchmal wütend werde und dass ich das vielleicht auch irgendwie an den Mann oder an die Frau bringen sollte? Vielleicht kann ich ein nächstes Mal daran denken ...

Insgesamt fühlt sich dieser Vorgang wohl wie eine Meditation über innere Bilder an. Die innere Haltung sollte dabei ein geduldiges Sich-überraschen-Lassen sein.

Mir ist noch sehr wichtig zu erwähnen, dass nicht jeder Traum, der von Katzenbissen handelt, mit Aggressionshemmungen zu tun hat, und ersuche, dies als Beispiel, wie Sie mit Ihren Träumen umgehen können, aufzufassen und nicht als Trauminterpretation. Wie gesagt, es ist eine der größten Fallen, wenn wir glauben, Träume interpretieren zu können. Aufschlüsse gibt allein das »Wiedererleben«!

Im tibetanischen Buddhismus, in dem Traum und Traum-Yoga als spirituelle Disziplin verstanden werden, gilt die Traumwelt als Zwischenwelt, deren Beherrschung die Beherrschung des Augenblicks des Todes schult und damit den Weg ins Nirvana ebnet. Als westliche Psychotherapeutin ziehe ich allerdings die Vorstellung vor, dass die Beschäftigung mit Sambhogakaya – wie dieser traumhafte Zwischenzustand im tibetanischen Buddhismus genannt wird – uns jedenfalls dabei hilft, ein erfüllteres und inspirierteres Leben im Diesseits erreichen zu können.

Wie es vermutlich auch bei jenem Soldaten ist, dessen Traum ich Ihnen hier zum Abschluss verraten möchte. Er betitelt den Traum mit »*Das Kartenspiel*«. Meiner Ansicht nach könnte dieser Traum eine Szene in einem Buch oder einem Spielfilm sein, und als Anregung zum Weiterlesen lasse ich ihn auch so stehen:

*»Ich stehe in einem Raum, in dem sich neben Kartenspielern auch Zuschauer eingefunden haben, die Luft ist stickig und rauchverhangen. Das Besondere aber ist der Spieltisch: Dieser ist lang und schmal, die Spieler sitzen nebeneinandergereiht, vor sich haben alle eine Art Trennwand als Abschluss gewissermaßen. Das obere Ende dieser brusthohen Trennwand besteht aus Glas.*

*Das Kartenspiel ist insofern besonders, als man als Zuseher auch aktiv eingreifen kann und ein Päckchen Spielkarten in der Hand hält. Beim Spieler hingegen sind sechs Karten nebeneinander aufgeschlagen, darunter befinden sich jeweils fünf verdeckte, die nacheinander, einer Patience ähnlich, aufgehen müssen. Hier können die umstehenden Zuseher eingreifen und mit ihren Karten helfen. Darüber hinaus gibt es zu den normalen, französischen Karten und Figuren, die verwendet werden, auch noch längliche, schmale Sonderkarten in verschiedenen Ausführungen, die eine Art Joker mit verschieden hoher Wertung darstellen. Da das Spiel auf der ganzen Welt in heimlichen Zirkeln gespielt wird, gibt es auch entsprechend exotische Sonderkarten, die von berühmten Organisationen oder Familien berichten oder gestiftet wurden. Solche länglichen Karten entdecke ich auch in den Stapeln anderer Zuschauer.*

*In meinem Stapel finde ich eine schwarze Sonderkarte, die offenbar auch schon andere Zuschauer bemerkt haben. Sie ist glänzend schwarz, am oberen Ende ist mit weißer Schrift etwas verschnörkelt und für mich nicht verständlich geschrieben sowie eine Art Ornament, dessen Bedeutung ich nicht verstehe. Jetzt spiele ich sie aus, vermutlich um jemandem zu helfen. Ein Raunen geht durch den Raum, und viele Augen sind unverständlicherweise auf mich geheftet. ›Das ist die Karte der Mafia‹, sagt jemand leise und mit gestocktem Atem. ›Die wurde noch nie ausgespielt.‹ Mir wird bewusst, dass ich hiermit eine Reaktion ausgelöst habe, ohne zu wissen, was die Karte bedeutet …*

*Hier endet der Traum.«*

Die Geheimnisse, die in unseren Träumen und in unseren Köpfen verborgen sind, kann man beinahe mit der Erforschung unseres Planeten und Universums vergleichen: Man hat viel erforscht und viel gefunden, Theorien und Modelle entworfen, die die Phänomene ganz gut erklären, aber eigentlich tappen wir in Bezug auf manche Kernfragen weitgehend noch im Dunkeln – beginnen wir die Entdeckungsreise ins Land der Träume!

## 2. Was träumen in anderen Kulturen bedeutet

In diesem Kapitel will ich einen Blick über den Zaun werfen und an verschiedenen Beispielen zeigen, wie nicht europäische Kulturen mit Träumen umgehen. Um dieses Thema erschöpfend zu behandeln, müsste ich viele Bände füllen. Hier ist nur ein kleiner Streifzug möglich, der einige Schlaglichter auf das Traumverständnis anderer Kulturen wirft. Ich habe mich im Folgenden weniger auf andere Bücher oder ethnologische Theorien gestützt als auf das, was ich, vorwiegend auf Reisen, aus erster Hand erfahren konnte. Und ganz nebenbei wurde auch ein Missverständnis aufgeklärt über die Wortbedeutung der »Traumzeit« ...

Unser westlicher Blick auf den Traum, seine Bedeutung, seine Relevanz, ist nahezu gekoppelt an die Psychologie. So kann es für uns auf jeden Fall von Interesse sein, den Blick auf ganz anders geartete Traumzugänge zu richten. Mir ist wichtig, Strephon K. Williams mit seinem Buch über den Umgang mit Träumen bei den Senoi in Papua-Neuguinea zu erwähnen. Er erzählt, dass man in Papua-Neuguinea allmorgendlich einander die Träume der vergangenen Nacht erzählt und dass dann Dinge aufgrund der Träume getan oder unterlassen werden. So soll man beispielsweise jemandem etwas schenken, dem man im Traum etwas angetan hat. Die Senoi sollen ein besonders friedliches Völkchen sein, das glücklich in voller Harmonie seit vielen Generationen zusammenlebt. Leider ist die Wissenschaftlichkeit der Arbeit von Williams heute sehr umstritten. Wäre es nicht schön, wenn man einander nur Träume erzählen müsste, um ein friedliches Zusammenleben gewährleisten zu können?

Dieses Kapitel ist, wie die meisten anderen auch, eine Art Erfahrungsbericht und bezieht sich hauptsächlich auf Gespräche

Die Senoi in Papua-Neuguinea

mit Personen, denen ich im Lauf der Zeit begegnet bin: einem Ältesten (Elder) aus Australien, Aliou Dieme, einem Experten für afrikanischen Tanz, Professor Hermann Hochegger, einem Missionar des Steyler-Ordens, einem Sufimeister und einem Bildhauer, Sohn eines Medizinmannes der Puebloindianer. Sie haben mir etwas von ihren persönlichen Erfahrungen mit Träumen und dem Stellenwert von Träumen in ihren Kulturen erzählt.

Beginnen möchte ich mit der Traumwelt der Ureinwohner Australiens, den Aborigines.

Die Traumwelt der Aborigines

Spätestens seit Büchern wie »Traumfänger« und »Songlines« ist für uns westliche Menschen das Denken der Ureinwohner Australiens zwar bekannt, aber trotzdem ist es ein Mysterium geblieben. So sehr ein Mysterium, dass ich mich im Jahr 1999 selbst kundig machen wollte und Angehörige der Aborigines besuchte. Ich traf auf eine Gruppe, die sich sehr berührend um die Zusammenführung verschleppter Familienangehöriger bemühte. Die Eingeborenen Australiens sind von den weißen Einwanderern nicht in Massen ermordet worden wie in anderen Kolonialgebieten, wie z. B. in den USA. Aber, um die Vorherrschaft der Weißen zu sichern und Kultur und Kulturerbe der Eingeborenen zu zerstören, hat man Kinder einfach aus den Stämmen entführt und sie, völlig ihrer Tradition und ihren Familien entbunden, in Waisenheimen untergebracht. Diese Kinder waren natürlich nirgends zu Hause. Sie waren zwar in der westlich orientierten Welt groß geworden, hatten aber nur sehr geringe Chancen auf ein angenehmes Leben: arm geboren, arm gestorben, wenn man so will. Diese Gruppe kaufte ein Stück Land im Landesinneren in der Nähe von Port Macquarie, manche Mitglieder leben dort auch zum Teil und veranstalten jährlich um die Osterzeit ein Reconciliationmeeting. Daran können Weiße, Farbige und Mischlinge teilnehmen. Eine Woche lang wird zusammen geredet, gefeiert, gekocht, getanzt und gesungen, also so gelebt wie in den traditionellen Stammesfamilien.

Zu diesem Treffen sind alle herzlich eingeladen. Jedenfalls sind immer auch einige Elders – Elders sind, meist auch an Jahren ältere Weise in den Familien der Aborigines – anwesend. Ich nahm an einem dieser Treffen teil, und es bot sich so eine ideale Gelegenheit, um die Kultur der Aborigines kennenzulernen und vor allem ihren Zugang zu den Träumen und deren Stellenwert zu erkunden. Ein Elder war bereit, mir darüber Auskunft zu geben – er, ein sehr freundlicher und weiser Mann, der in beiden Welten, derjenigen der Ureinwohner und derjenigen der weißen Einwanderer, zu Hause ist. In sehr berührender Weise erzählte er, wie auch er und mit ihm viele andere seinem ursprünglichen Stamm in der Kindheit entrissen worden war und sich in der australisch-westlichen Kultur zurechtfinden musste. Er hat es sich zur Lebensaufgabe gemacht, sich für seine Landsleute einzusetzen und beide Kulturen miteinander ins Gespräch zu bringen.

**Dreamtime – Traumzeit**

Zunächst habe ich ihn über die Träume und das Träumen an sich befragt. Nicht wenig enttäuscht war ich, als er mir erklärte, dass der Begriff »Dreamtime« (»Traumzeit«) auf einen Übersetzungsfehler eines Anthropologen zurückzuführen sei. Denn sein Stamm würde den Träumen selbst gar keinen besonderen Stellenwert zuschreiben.

**Die Allgegenwart der Schöpfung**

Dreamtime sei fälschlich die Übersetzung von »Tschukupa« (die genaue Schreibweise ist mir leider nicht bekannt) gewesen – dieses Wort bedeute aber nicht Traumzeit, sondern vielmehr Schöpfung. Schöpfung wird als fortwährender Prozess verstanden, der in jedem Augenblick neu stattfindet – eine Blume wächst in jedem Augenblick, und so wird in jedem Augenblick die Schöpfung neu geschaffen – ein wunderschöner Gedanke. Die Aborigines glauben an eine Zeit der Schöpfung, die in der Vergangenheit liegt. Damals lebten Ahnengeister, z. B. die Laubvogelfrau und der Känguru-Mann, auf der Erde, die Berge, Bäume, Wasser – die gesamte Schöpfung erschufen. Jeder einzelne Mensch ist Erbe dieser Schöpfung und ist durch sie immer mit ihr und der Vergangenheit verbunden. In den Gestirnen sind die mythischen Gestalten noch sichtbar, und jeder Mensch kann sich durch Meditation, Vision und Versenkung dem Ursprung wieder nähern und eben auch im Traum. Schöpfung ist allgegenwärtig und der Traum einer von mehreren Wegen, wie sie sich ausdrückt.

Ich wollte von meinem Gesprächspartner wissen, ob denn den nächtlichen Träumen in seiner Kultur auch Bedeutung beigemessen werde.

»Na ja, eigentlich nicht besonders«, war seine Antwort, eher schon den Visionen und Eingebungen tagsüber. Ich fragte, was er denn damit meine, und er antwortete mit einem Beispiel:

Er habe etwa ein Jahr bevor seine Tochter geboren wurde, ihren Namen geträumt. Dabei waren er und seine Frau eigentlich schon viel zu alt fürs Kinderkriegen gewesen, doch tatsächlich, einige Monate, nachdem er ihren Namen geträumt habe, sei seine Frau plötzlich schwanger gewesen. Wir unterhielten uns angeregt weiter, und dabei fiel ihm eine ganze Reihe von Traum-Visionen ein, denen er selbst gar keine so große Bedeutung beigemessen hatte. Eine Episode will ich hier noch berichten:

Wahrträume oder präkognitive Träume

Eines Tages sei er mit einem Fernsehteam unterwegs nach Uluru gewesen (ein heiliger Berg in Zentralaustralien). Dort sollten Filmaufnahmen mit einem Aborigines-Stamm stattfinden. Man fährt mit dem Auto einige Tage dorthin. Auf der Reise hätte das Auto eine Panne gehabt, und die Reparatur kostete einen vollen Tag. Am vereinbarten Ort angekommen, staunte er nicht schlecht, dass sein Stamm auch gerade zu diesem Zeitpunkt dort eintraf. Und auf die Frage, warum sie denn erst jetzt – nämlich eigentlich einen Tag zu spät – kämen, sagte die Stammesführerin, ja, sie habe geträumt, dass er und das Fernsehteam einen Tag später kämen und so seien auch sie später abgereist. Aber ansonsten hätte das Träumen keinen besonderen Stellenwert bei den Aborigines …

Diese Art der Träume, sogenannte Wahrträume oder präkognitive Träume, kommen in großer Zahl auch in unserer Kultur vor. Es vergeht kaum ein Tag, an dem mir nicht jemand einen Wahrtraum schreibt oder erzählt. Die Leute schreiben sie, weil sie nicht wissen, wie sie sie einordnen sollen, denn offiziell gibt es solche Träume in unserer Kultur nicht! Manche sind sehr aufgewühlt und sogar verstört, denn wenn man z. B. träumt, dass jemand stirbt, und er stirbt dann auch tatsächlich, ist das sehr verwirrend. Eine junge Frau etwa, die geträumt hatte, dass ihr völlig vitaler Vater von einem herunterfallenden Balken in seiner Werkstatt erschlagen wird und der dann tatsächlich drei Monate später so zu Tode gekommen ist, ist völlig erschüttert, denn wie sie meint, hätte sie den Tod des Vaters vielleicht verhindern können, wenn sie dem Traum eine andere Wendung hätte geben können. Für viele Menschen sind diese Träume sehr belastend.

Ich möchte nicht weiter auf präkognitive Träume eingehen, denn ich habe selbst keine Erklärung dafür, ich möchte sie an dieser Stelle würdigen und vor allem auch alle Träumer, die solche Träume erlebt haben oder erleben, würdigen und ihnen mitteilen, dass sie diese Erlebnisse mit vielen anderen Menschen teilen. Am Institut für Grenzgebiete der Psychologie und Psychohygiene in Freiburg liegen Hunderte solcher Träume und warten darauf, erforscht zu werden. Eine Schwierigkeit ist, dass man ja immer nur retrospektiv einen Traum präkognitiv nennen kann, kaum jemand erkennt einen präkognitiven Traum, bevor das Ereignis eingetroffen ist.

Allerdings sind mir schon Menschen begegnet, die wissen, dass es sich bei einem Traum um einen Wahrtraum handelt, weil er in »Blau« geträumt worden ist. Eine Studentin aus Serbien konnte sogar sagen, wie das Ereignis eingefärbt wäre, wenn etwas Weißes, Rotes oder Blaues vorgekommen ist. Interessant dabei ist, dass diese Gabe in manchen Familien gehäuft vorkommt.

Verbreitet sind nicht nur Träume, in denen Schreckliches passiert, sondern Träume, die konkret warnen und vielleicht sogar lebensrettend sein können. Ein Arzt aus der Steiermark erzählte mir, dass er selber Wahrträume habe, dass sie aber nicht besonders spektakulär seien. In der Schulzeit hätte er Prüfungsfragen geträumt, die ihm dann tatsächlich gestellt worden sind, und derlei Dinge. Sein Großvater aber hätte im Zweiten Weltkrieg auf der Flucht mit zwei Kameraden geträumt, dass in wenigen Augenblicken die feindlichen Soldaten in die Scheune, in die sie sich geflüchtet hatten und in der sie erschöpft eingeschlafen waren, eindringen und sie töten würden. Er wacht auf, warnt seine Kameraden, die ihn – wie das in solchen Fällen häufig passiert – den Träumer für verrückt halten und im Gegensatz zum Großvater in der Scheune bleiben, denn jede Logik sagt, dass das ein gutes Versteck war und die Feinde nicht hierherkommen würden. Der Großvater hat seinem Traum vertraut und ist gelaufen – aus der Scheune raus und davon, und im Laufen hört er die Schüssen, die seine Kameraden getötet haben.

Aber in unserem strengen Denksystem darf nur existieren, was »beweisbar« ist, anderes wird abwertend, esoterisch oder hysterisch genannt. Vielleicht würde eine systematische Studie zu diesem Thema Licht ins Dunkel bringen. Aber für Sie, lieber Träumer, ist es Ihre Entscheidung, auf solche Träume achten zu wollen oder nicht. Denn sicherlich träumen auch Sie von Dingen, die geschehen werden; ob sie präzise so sein werden, wie Sie sie träumen, weiß ich nicht, aber dass sich Ihre Träume mit der Zukunft und Ihren Plänen, Ihren Vorhaben befassen, ist sehr wahrscheinlich.

Die Wissenschaft tut sich schwer mit Wahrträumen

Doch zurück nach Australien, das wir für einen Exkurs zum Thema der Wahrträume verlassen hatten.

Bob Morgan, ein Elder aus einer anderen Nation, schreibt mir:

»In Australien gibt es mehrere Urkulturen der Ureinwohner. Jede hat ihre eigene Sprache, eigenen Traditionen und eigenen Ansichten über die Welt. Die Sichtweise über das Träumen unterscheidet sich in den verschiedenen Familien und hängt vom Glauben, den Gebräuchen und den Traditionen ab. In dem Volk, aus dem ich selber stamme, den Gamilaroi, werden Träume als Botschaften von einem anderen Ort gesehen. Wir glauben, dass manche Menschen einen ganz speziellen Bezug zum Träumen haben und dass das eine wichtige Rolle bei der Erschaffung und der Erhaltung der Kultur und unserer Tradition spielt. Wie sich das aber zeigt, unterscheidet sich von Nation zu Nation.«

Bleiben wir auf der südlichen Halbkugel unseres Planeten auf unserem Streifzug durch die Traumwelten. Afrika! Wiege der Menschheit.

Bedeutung der Träume in Afrika

Afrika ist ein weites Land, und so sind auch Stellenwert und Umgang mit den Träumen in verschiedenen Regionen ganz unterschiedlich. Ich greife einige Beispiele heraus.

Aliou Dieme, ein Afrikaner aus dem Senegal, lehrt in Österreich afrikanischen Tanz und beschäftigt sich seit vielen Jahren intensiv mit seinen Träumen. Im Folgenden gebe ich einige Kostproben aus seinem Traumtagebuch wieder und auch, was sie für ihn bedeuten. Dabei lassen sich immer wieder Elemente seiner Ursprungskultur finden:

Aliou versteht Träume sehr klar als Botschaften. Träumt jemand von ihm, so erwartet er, dass ihm das auch mitgeteilt wird. Denn das bedeutet, dass er etwas Bestimmtes tun soll. Über das »Was« entscheidet der Medizinmann, die Medizinfrau oder er selbst. Es kann auch sein, dass einfach ein Opfer dargebracht werden soll. Die Umstände entscheiden über die richtige Interpretation.

Ein Traum, an den sich Aliou sehr gut erinnert, stammt aus dem Jahr 1986: Er steht neben der Frau seines sehr geliebten Cousins. Dieser befindet sich 20 oder 30 Meter vor Aliou und seiner Schwägerin, in der Mitte zwischen zwei Sanddünen, und zeigt ihnen in seiner rechten Hand geschälte Erdnüsse.

Aliou fügt hinzu, dass jener Cousin fünf Tage später bei einem Autounfall verstarb. Die Botschaft des Traumes – so Aliou – war, dass er eine Opfergabe (in diesem Fall zwei Hände voll geschälter Erdnüsse) jenem Mann geben hätte sollen. Weil er dies nicht tat und dadurch womöglich den Tod des Cousins mitverschuldete, bedrückt Aliou heute noch. Damals hätte er noch nicht gewusst, wie man mit Träumen umgeht, heute sei das anders!

Aliou erzählt einen weiteren Traum: »Ich bin in einem kleinen Boot und rudere zu einer Insel. Die Insel ist sehr groß und hat viele Bäume. Daneben befindet sich ein großes Haus aus Lehm – jemand sagt, das ist unser Haus!«

Für Aliou steht das neue Haus dafür, dass jemand sterben wird, und er wusste, dass es sein Vater sein würde. Er starb dann auch nach wenigen Tagen. Das neue Haus ist ein Symbol für eine neue Heimat, und zwar für den, der sterben wird. Rudern bedeutet für Aliou eine Reise unternehmen, die Insel ist ein Ort, zu dem man fahren oder fliegen muss, z. B. von Senegal nach Österreich. Sein 84-jähriger Vater war bereits seit mehreren Wochen ein wenig krank und wollte eigentlich nicht mehr leben, so Aliou.

»Er hatte genug vom Leben – sein Herz konnte oder wollte nicht mehr pumpen.«

Alle zwei bis drei Monate träumt Aliou von seinem verstorbenen Cousin Salum, zu dem er immer einen sehr guten Kontakt hatte. Salums Tochter lebte im Senegal bei Alious Familie zusammen mit seiner Frau und fünf Kindern. Eines Tages erkrankte sie. Eine Woche später hatte Aliou folgenden Traum:

»Ich habe Salum in einem Krankenhaus getroffen. Er trägt die Kleider eines Arztes. Wir gehen im Krankenhaus spazieren. Da war so ein langer Gang, und am Ende des Ganges war vor ihnen das Meer – sehr groß, sehr flach und ganz ruhig, keine Welle!«

Nach zwei Tagen ist es seiner Nichte wieder gut gegangen. Aliou meint, sein Cousin hätte seiner Tochter geholfen, wieder gesund zu werden. Denn, die Ahnen helfen uns immer, wenn wir gut zu ihnen sind.

In Afrika herrscht die Vorstellung, so Aliou, dass man nie allein ist. Man ist immer abhängig von der Umgebung, von den Menschen, mit denen man lebt, abhängig auch von den Ahnen. Deshalb kann niemand selbst über sein eigenes Leben entscheiden. Aus diesem Grund braucht man manchmal Träume, den Medizinmann oder die Medizinfrau, einen Wahrsager oder eine Wahrsagerin, um nicht die Orientierung zu verlieren. Der Traum ist eine wichtige Verbindung zum Reich der Toten und Vorfahren.

Bei jeder wichtigen Tätigkeit, sei es ein Hausbau oder eine Reise, wird in Afrika vorher ein Medizinmann oder eine Medizinfrau konsultiert. So macht es auch Aliou. Nach der Vorstellung vieler Afrikaner sind auch Verstorbene mitten unter den Lebenden, um diesen bei der Bewältigung schwieriger Lebensaufgaben zu helfen – wie z.B. in dem Traum, in dem Salum seine Tochter rettet. »Die Ahnen sind da, sie leben mit uns zusammen«, meint Aliou. Deshalb spricht man auch Gebete, um sich zu entschuldigen, wenn man an der eigenen Familie oder den Ahnen schuldig geworden ist. Nach den Vorstellungen der Jora, Alious Stamm, geht die Seele zu den Ahnen, wenn man stirbt. Sie holen einen ab, und dann ist man wieder bei seiner Familie. Wenn jemand aber ein Verbrechen begangen hat in seinem Leben, wird er in die

*Der Traum ist eine wichtige Verbindung zu den Ahnen*

Hölle verstoßen, d.h., die Ahnen holen diese Seele nicht ab. Nicht abgeholte Seelen sind Zombies, verdammt dazu, ewig herumzuirren. Manchmal kann man sie auch in ihrem Dorf sehen. Sie darf erst zu den Ahnen gehen, wenn ihre Strafe getilgt ist.

Deine Träume, erzählt Aliou, können auch von Medizinmännern und -frauen weitergeträumt werden. Er selbst hat dies schon öfter in Anspruch genommen. So kann ein Medizinmann dich auffordern, eine Münze zu ziehen und darüber zu meditieren, worüber du etwas wissen willst. Dann wird er mit dieser Münze schlafen und dir am nächsten Morgen erzählen, was er gesehen oder geträumt hat. Aliou macht das auch jedes Mal, wenn er von Afrika nach Europa fliegt. Einmal hatte ein Medizinmann Aliou damit überrascht, dass er ihn warnte, er werde seinen Flug versäumen. Aliou nahm diese Warnung ernst und war deshalb bereits zwei Stunden vor Abflug am Flughafen. Und es schien, als würde alles glatt gehen: den Flug Dhakar–Madrid um 7.00 früh erreichte er problemlos, den Anschlussflug von Madrid nach Wien jedoch versäumte er, weil ihn ein Schalterbeamter in die falsche Richtung geschickt hatte. Trotzdem ist Aliou der Meinung, dass nicht alle Vorhersagen hundertprozentig eintreffen müssen, nach seiner Erfahrung aber immerhin in 80% der Fälle.

Die Afrika-Forschung der Steyler Missionare

Eine zweite Quelle über »Träumen in Afrika« stammt von den Steyler Missionaren, die als Religionswissenschaftler weltweit aktiv sind. Mit Akribie und Enthusiasmus untersuchten sie eine Fülle von Kulturen und Religionen und erkannten bei unterschiedlichen Völkern ähnliche Denkmodelle in Mythen und Riten. So weiß man heute, dass es keine primitiven oder »prälogischen« Völker gibt. Alle heute lebenden Menschen gehören zu den Kulturvölkern. In ihrer Zeitschrift für Völkerkunde »Anthropos« veröffentlichen sie seit 1906 jährlich Forschungsergebnisse aus allen Kontinenten. Professor Hermann Hochegger, der als Steyler Missionar im Kongo 35 Jahre lang das Kulturinstitut CEEBA leitete, war so freundlich, mir mitzuteilen, was er zum Thema Traum im Herzen Afrikas gefunden hat.

Seine zahlreichen wissenschaftlichen Studienaufenthalte ermöglichten es ihm, mit Menschen aus verschiedenen Stämmen eine Zeit lang zusammenzuleben, so etwa mit den Yansi, Mbala, Buma, Sakata, Mputu, Pende, Lulua. Für Afrikaner, so die Erfahrung von Hermann Hochegger, ist die Traumwelt genauso real wie die Wachwelt. Wird von einem bestimmten Ereignis geträumt, so beeinflusst dies auch das Handeln im Wachzustand. Wie wir bereits im Beispiel von Aliou erfahren haben, hat das in Zentralafrika dazu geführt, dass jeder, der etwas Wichtiges unternimmt, sei es eine größere Reise, eine Jagd auf ein gefährliches Tier, eine Waldrodung oder einen Hausbau, die Träume seiner Familie beachtet. Dadurch soll erkannt werden, ob das Unternehmen gut ausgehen wird oder ob man es besser unterlassen solle.

Traumwelt so real wie die Wachwelt

In der Analyse von Träumen bei den Volksgruppen Zentralafrikas finden sich in großem Ausmaß ähnliche Inhalte, wie sie auch in anderen Teilen der Welt vorkommen. Dabei spielt die Symbolik der Tiere eine wichtige Rolle. Wer von einem Krokodil träumt, weiß, dass dieses Reptil einen Hexer symbolisiert, der den Tod bringen kann. Nachtaktive Vögel werden in der Realität wie im Traum ebenfalls als unheilbringend gedeutet. Ob die Universalität mancher Symbole darauf zurückzuführen ist, dass Afrika die »Wiege der Menschheit« ist und sich – um mit C. G. Jung zu sprechen – bestimmte Archetypen über die ganze Welt ausgebreitet haben, muss dahingestellt bleiben.

Tiersymbolik

Andere Kulturen, wie die der Native Americans, der Tibetaner und der Sufimeister, haben ebenfalls ein äußerst enges Verhältnis zu ihren Träumen. Die Träume werden aber als so privat, intim, geheim und mystisch verstanden, dass sich das Darübersprechen fast verbietet. Träume sind so etwas wie ein letztes Refugium an Privatheit, Religion und Identität.

Andere Kulturkreise

Träume spielen im Alltagsleben fast aller Völker, abgesehen von den westlichen Zivilisationen, eine enorme Rolle. Signale aus der Traumwelt beeinflussen das Tagleben, und nicht nur dies. In vielen Kulturen werden die Träume als Brücke zu unseren Vorfahren, zu unseren Wurzeln geehrt und hochgehalten. Sind wir westliche Menschen manchmal zu sehr von unseren Ursprüngen getrennt, um die bildhafte Sprache der Träume wahrzunehmen und zu schätzen?

# **3.** **W**orauf wir zurückgreifen, wenn wir uns mit Träumen befassen

Träume sind so alt wie die Menschheit, und jede Zeit und jede Kultur hat sich ihre eigenen Gedanken gemacht, woher unsere Träume kommen, was sie für uns bedeuten und welchen Einfluss auf unser Leben sie nehmen sollten. Im Folgenden erwartet Sie ein ganz knapper Rundgang durch die Kulturgeschichte des Traumes, der meine Sichtweise über die Entwicklung der Traumgeschichte spiegelt. Mich fasziniert dabei, wie sich der Wandel menschlichen Bewusstseins besonders klar daran zeigt, wie Träume verstanden wurden und verstanden werden. Kulturgeschichtler mögen mir verzeihen, wenn meine Auswahl der wiedergegebenen Traumgeschichte in dieser Hinsicht gefärbt ist und ich mir meinen eigenen Reim darauf mache.

**Erste schriftliche Überlieferung von Träumen: Babylonien**

Beginnen möchte ich in Babylonien, in Ur, wo wir die Wiege unserer Zivilisation vermuten, im heutigen Irak. Im Gilgameschepos sind uns wohl die ersten Träume schriftlich überliefert – Gilgamesch soll vor etwa 4700 Jahren gelebt haben. Träume sind Botschaften der Götter, sagen somit die Zukunft voraus und müssen gedeutet werden, sind also gottgegeben und werden gesandt. Die Tontafeln, auf denen uns das Gilgameschepos überliefert ist, sind wohl etwa 3000 v. Chr. beschrieben worden. Nicht nur Würden- und Entscheidungsträger lassen Träume deuten, Träume werden sogar durch Substanzen stimuliert. Aber in Träumen kündigt sich nicht nur Gutes an, sondern Träume verkünden auch Unheil – man fürchtete Träume und betete um gute und wahrhaftige. Es gab Tempel, in die man sich begab, um die Zukunft zu träumen, und Tempel, von denen man geträumt hatte, dass man sie seinem Lieblingsgott erbauen musste. Mehr über das Gilgameschepos finden Sie bei Stefan Maul, 2005.

Bitte beachten Sie die Sichtweise: Träume kommen von außen, von einer höheren Macht, von den Göttern und sind als solche Botschaften mit großem Gewicht. Manchmal könnte man meinen, die Zeit wäre stehengeblieben ...

Träume kommen von einer höheren Macht

Jedenfalls war das auch in Ägypten so. Vom Beginn des 2. Jahrtausends sind uns Traumberichte von dem Land am Nil überliefert. Auch hier gibt es Botschaften, die sich durch Träume mitteilen und denen unbedingt zu gehorchen ist. Die Freilegung der Sphinx verdanken wir einem Traum, nämlich einem Traum von Thutmosis IV. Thutmosis, noch Prinz, hielt sich bei den Pyramiden von Gizeh auf. Zur Erholung legte er sich in den Schatten der Sphinx. So eingeschlafen, erschien ihm der Sonnengott Harmachis in Gestalt der Sphinx und versprach Thutmosis, ihn zum König zu machen, wenn er sein Abbild freilegt. Tatsächlich wurde er bald darauf König und ließ, wie versprochen, die Sphinx freilegen und ließ diese Geschichte auf einer Tafel festhalten. Christine El-Mahdy beschreibt diese Traumstelle in ihrem Buch »Tutanchamun – Leben und Sterben des jungen Pharaos«.

Ägypten

Die bekannteste Sammlung von Träumen findet sich im sogenannten hieratischen Traumbuch, das etwa 1150 v. Chr. niedergeschrieben wurde, aber wohl auf ältere Überlieferungen zurückzuführen ist. Serapis ist der ägyptische Gott des Traumes. In Ägypten galten die Träume als prophetisch. Zahlreiche politische Entscheidungen sind von Träumen getroffen worden.

In Ägypten taucht zum ersten Mal die Idee auf, dass Träume zur Heilung dienen können, und damit war auch die Idee von der Trauminkubation geboren. Unter Trauminkubation verstehen wir, willentlich von bestimmten Themen träumen zu können (Stevens, 1996).

Träume können der Heilung dienen

Diese Idee ist in Griechenland zu voller Blüte gekommen. In Griechenland, das ja in vieler Hinsicht für den Ursprung unserer abendländischen Kultur steht, wurden Traum und Heilschlaf geehrt, ja sogar verehrt. War man erkrankt, so pilgerte man zum Asklepieion. Asklepios, Sohn des Apollon, ist der Schutzpatron und Gott der Heilkunst. In Epidauros ist die erste Heilschlafstätte um etwa 700 v. Chr. errichtet worden. Sie blieb die bedeu-

Griechenland

tendste. Neben den Anlagen von Epidauros sind verschiedene Heilschlafstätten entstanden: in Tikki in Thessalien, auf Kos, die Asklepieia von Messene, das Asklepieion in Pergamon. Insgesamt sind etwa 300 solcher Heilschlafstätten in Griechenland bekannt. Als Vorbild diente Epidauros.

Zum Asklepieion kam man, wenn man krank war – seelisch oder körperlich. Die strikte Teilung zwischen Seele und Körper, wie wir sie in der Tradition von Descartes zu denken gewohnt sind, war jedoch bei den Griechen nicht so ausgebildet. Man reiste, oft tagelang, um in dieser wunderschönen Anlage, bestehend aus vielen Tempeln, einem großen Theater, Bibliotheken, Sportanlagen, Brunnen, Quellen, Bassins, oft auch Thermen, um im Heilschlaftempel Hilfe und Unterstützung zur Genesung zu erbitten. Gebadet und gesalbt, legte man sich so vorbereitet zum Schlaf in einen Raum, der darunter ausgehöhlt war. In diesem Hohlraum wurden die Symbole der griechischen Heilkunst gehalten: Schlangen in großer Zahl.

Heilschlafritual der Griechen Zum Heilschlafritual gehörte (Riethmüller, 2005):

- die kultische Reinigung in einem der zahlreichen Brunnen bzw. im Brunnenhaus;
- ein Opfer an Apollon;
- das Schlafen im Abaton (ein rechteckiger – 21 × 24 m großer Raum, im 6. Jahrhundert v. Chr. erbaut), um im Traum durch den Gott Asklepios selbst zu erfahren, welche Heilmethode für einen selbst die geeignetste ist. In späteren Zeiten wurden hier vermutlich Hypnoseverfahren angewandt, um die Frage nach der Behandlungsmethode zu klären;
- ein Gespräch mit einem Priester über das anzuwendende Heilverfahren. Dabei konnte es sich um Bäderkuren, Entspannungskuren, aber auch um operative oder medikamentöse Verfahren bzw. um eine Kombination aus alledem handeln;
- für den Zeitraum der Behandlung bezog der Patient ein Zimmer im Gästehaus;
- als ein Teil der Therapie galten stets auch kulturelle Angebote. Epidauros besaß ein großes Theater und eine Bibliothek.

Im antiken Griechenland gab es nicht nur ein Wort für Traum, sondern mehrere, die jeweils einen anderen Aspekt der Träume würdigen: Die Oneiroi waren die Geister der Träume. Sie hatten dunkle Flügel. Sie tauchten jede Nacht aus ihren höhlenartigen Behausungen in Erebos, dem Land ewiger Finsternis hinter der aufgehenden Sonne, auf. Die Oneiroi mussten durch eines von zwei Toren. Das erste, aus Horn, war die Quelle prophetischer Träume, die waren von Gott gesandte. Das andere aus Elfenbein war die Quelle falscher Träume ohne Bedeutung. Ihr Anführer war Morpheus, Sohn von Hypnos, der selber Gott des Schlafs war. Morpheus erscheint in den Träumen der Könige in Gestalt eines Menschen und bringt Botschaften der Götter. Morpheus hat zwei Brüder: Ikelus oder Phobetor und Phantasus. Ovid sagt, dass Ikelus die Träume formt, die Götter nennen ihn Ikelus, die Menschen Phobetor. Manche sagen, dass er in Tiergestalt auftauchte, während Phantasus in Objekten kommt und besonders bunte und prachtvolle Träume bringt. Andere Quellen nennen Epiales den Geist der Albträume. Vermutlich ist auch er einer der Oneiroi. Plouton [Hades] ist Herr der schwarz-geflügelten Oneiroi, die unter einem Fels hervorsprudeln. Onoire, der Traum, ist Sohn der schwarzen Nyx (Nacht). Hesiod nannte Träume in der Unterwelt hausende Kinder der Nacht.

Im antiken Griechenland wurde also geradezu ein Kult um Traum und Heilschlaf entwickelt. Träume waren sehr wichtig und wurden als Botschaften der Götter verstanden. Etwa im 6. Jh. v.Chr. beginnt ein Bewusstseinswandel. Pythagoras (580–497 v.u.Z.) hat bereits überlegt, dass schlechte Träume mit schwerem Essen zusammenhängen könnten. Platon (427–347) beschreibt als Erster, dass sich die gefährlichen und wilden Begierden, die wir beherbergen, gerne in Träumen äußern – der Traum als Schauplatz dessen, was wir im Wachzustand nicht »denken«, nicht »fühlen«, aber vor allem nicht »leben« dürfen!

Aber der »Traumdurchbruch« kam mit Aristoteles (384–322 v.Chr.). Er hat die umfassendste Theorie über das Träumen in der Antike verfasst, eine Theorie, die in vielen Punkten heute noch interessant ist (»De somno et vigilia«, Über Schlaf und Wachsein).

- Der Traum als Spiegel der Seele: der Traum als Ausdruck der Seele während des Schlafes;
- Träume sind Seelenbotschaften und nicht Götterbotschaften: Eine Revolution im menschlichen Denken! Nicht mehr die Götter sind verantwortlich für das Tun der Menschen, sondern die Menschen selber erkennen Wünsche, Begierden, Ängste, Gefühle ganz allgemein und die damit verbundenen Projektionen »von innen« kommend und sehen damit zumindest die Möglichkeit der Mitbestimmung ihres Geschicks;
- Träume als Botschaften der Organe – »innere« Reize können im Traum ausgedrückt werden;
- Aristoteles beschreibt als Erster Augenbewegungen während des Schlafens bei Hunden, ist also REM-Schlaf-Pionier;
- Nach Aristoteles befasst sich der Traum mit Zukünftigem;
- Aristoteles stellt als Erster die Frage, ob man im Schlaf immer träumt und man sie vergisst;
- Aristoteles stellt die ersten überlieferten Überlegungen über das Klarträumen an: Während man schläft, existiert etwas im Bewusstsein, das einem sagt, dass das alles nur ein Traum sei. (Unter einem Klartraum oder luziden Traum verstehen wir heute, im Traum zu wissen, dass man träumt und dass man außerdem weiß, dass man überlegen und entscheiden kann, was als Nächstes im Traum passieren soll.)

Der vermutlich erste Traumarchivar muss erwähnt werden, wenn wir über Träumer und Träume in Griechenland sprechen: Artemidor von Daldis galt im späteren Altertum als die größte Autorität auf dem Gebiet der Traumdeutung. Man nimmt an, dass er im zweiten Jahrhundert n. Chr. geboren worden ist. Dieser Autor hat uns die sorgfältigste Bearbeitung der Traumdeutung der griechisch-römischen Welt überliefert. Er hat auf ausgedehnten Reisen zusammengetragen, was damals über Traum und Träumen gedacht, geschrieben und auch getan worden ist. Freud hat sich vielfach auf Artemidor von Daldis bezogen.

**Träume bei den Römern**  Wie dachten die pragmatischen Römer über das Träumen? Die Bedeutung von Träumen wurde unterschiedlich gesehen.

Cicero hielt vom Träumen wenig, während Augustus ein Gesetz erlassen haben soll, wonach jeder, der etwas über den Staat träumt, das öffentlich bekannt geben sollte. Und es waren auch die Römer unter ihrem Feldherrn Sulla, die das berühmteste griechische Asklepion, Epidauros, in Betrieb hielten und für ihre Zwecke nutzten. Die Römer nannten das Sich-hinlegen-im-Tempel (über den Schlangen) »incubare«, es bedeutet wörtlich, auf etwas liegen oder sitzen oder etwas »bebrüten«. Auch heute kennen wir noch, oder besser gesagt, wieder den Begriff der Trauminkubation, es bedeutet, einen bestimmten Trauminhalt herbeiführen zu wollen.

In den römischen Schriften kommt das Thema Traum überraschend selten vor. Bekannt ist »Der Traum des Scipio« aus Ciceros »De re publica«. Der Traum bildet den Schluss und Höhepunkt, gepriesen werden göttliche Allmacht und Vernunft. Scipio begegnet in seinem Traum Großvater und Vater an einem Ort der Seligen, von dem aus er den Kosmos überblickt. Seneca greift Scipios Traum auf und behandelt die Frage, ob man auch ohne Verdienst an der Allgemeinheit die ellysischen Felder (nach christlichem Gedankengut entsprechen diese wohl am ehesten dem Paradies) betreten könne.

Über Träume und das Träumen in der Bibel, im Talmud, in der Kabbalah könnte man Bücher füllen. Es sind meistens die Mystiker dieser Religionen, die eine besondere Beziehung zu Träumen haben und sie deuten können und sollen. Es gibt viele Stellen, die sich mit Traum und dem Träumen befassen, als Offenbarungen, als direkter Kontakt mit dem Göttlichen und als Weg spiritueller Praxis.

Die Mystiker kultivieren den Traum

In der Bibel sind Träume meistens Botschaften Gottes, z. B. der Traum Salomons (1. Kön 3, 5 – 15), manchmal aber sind sie als Gleichnis, als Metapher, als Symbol zu verstehen wie z. B. Jakobs Traum von der Himmelsleiter (Gen 28, 10 – 17). Träume sind dort, wo Himmel und Erde sich berühren.

Träume in der Bibel

Interessant ist, dass im Hebräischen das Wort für Traum »chalom« ist und eigentlich mehrere Bedeutungen hat: gesund sein, träumen, kräftig oder mannbar werden. Gott spricht zu Propheten durch Träume und Visionen. Träume helfen, verzweifelte Situationen zu meistern. Dennoch können Träume auch täuschen. Wahren Beweis gibt es nur durchs Gesetz. Träume werden schlecht, wenn man aufgehört hat, auf Gott zu hören. Im Neuen Testament wird der Traum häufig als Mittel göttlicher Offenbarung und evtl. auch Führung verstanden. Wenn Armageddon kommt, wird Gott Träume senden. So werden in der Apokalypse Träume und Visionen meistens zum Trost der Menschheit geschickt.

Aber es gibt auch schon die christliche Perspektive, dass Träume unter dem Einfluss des Teufels entstehen können. Auf alle Fälle ist es entscheidend, seinen Traum nicht jedem zu erzählen, sondern nur aufrichtigen und vertrauensvollen Mitmenschen. Nur so kann sich der Träumer vor den Einflüsterungen des Bösen schützen.

**Augustinus**  Im frühen Mittelalter beginnt Bewusstsein wieder interessant zu werden, jetzt eben im Christentum. Augustinus (354–430) gebührt besondere Erwähnung. Neben vielen Traumfragen beschäftigte ihn das Problem der persönlichen Verantwortlichkeit für die im Traum begangenen Sünden. Er hat sich die Lösung dieses Problems nicht leicht gemacht, hat sich aber schließlich zu der Erkenntnis durchgerungen, dass der Mensch letztendlich nicht für den Inhalt seiner Träume verantwortlich ist.

Für die Beschäftigung mit Träumen während des Mittelalters spricht die weite Verbreitung der sogenannten »Somnialia«, Traumbücher in lateinischer Sprache, die u. a. auch eine Einteilung der Träume versuchten.

Eine interessante Frage stellte im 14. Jahrhundert übrigens der arabische Traumforscher Safadi: Wie träumen eigentlich blinde Menschen? Er berichtet: Blindgeborene träumen nur Gehörtes, Gespürtes, Gefühltes, aber nicht Gesehenes. Blinde, die erst im Laufe ihres Lebens blind geworden sind, träumen jedoch wie Sehende.

**René Descartes**  René Descartes (1596–1650) fragt bei seiner Suche nach Erkenntnis bereits nach der Wirklichkeit der Wirklichkeit. Er fragt sich, wie man ganz sicher sein könne, dass man wach sei, wenn man wach ist, denn im Traum würde man auch oft träumen, dass man aufgewacht sei – die Vermutung, dass Descartes klarträumen konnte, liegt nahe. Aber letztlich schließt er, dass bei aller Ungewissheit gewiss sei, dass man selbst derjenige ist, der träumt – »Cogito ergo sum« (Ich denke, also bin ich) – »somnio ergo sum« (Ich träume, also bin ich) – … Die aber für die damalige Zeit umwälzenden Gedanken Descartes' klärten sich durch die Inspiration dreier Träume, die er unter dem Titel »Olympica« veröffentlicht hat. Daniel Kolak, einer meiner amerikanischen trauminteressierten Kollegen, hat in einem Buch versucht nachzuempfinden, wie es Descartes wohl ergangen ist mit seinem Zweifel an der Wirklichkeit.

Im 16. Jahrhundert ist wieder einmal ein Versuch unternommen worden, Träume zu Diagnosezwecken zu verwenden, George Berkeley (1685–1735) beachtete die unterschiedliche Zeitwahrnehmung im Wachen und im Traum, und für Immanuel Kant (1724–1804) waren Träume so etwas wie »Heilmittel«.

Einer der spektakulärsten Träume der Geschichte ist uns von Louis Ferdinand Alfred Maury (1817–1892) überliefert. Maury war französischer Gelehrter, der Archäologie, antike und moderne Sprachen, Medizin und Recht studiert hatte. Er hatte, etwa 60 Jahre nach der Französischen Revolution, davon geträumt – heute würde man vielleicht einen Traum vermuten, der eine Traumatisierung der zweiten oder dritten Generation aufarbeiten soll: Er war Zeuge zahlreicher Exekutionen und wurde dann selber vor den Gerichtshof zitiert. Dort musste er Robespierre und Marat Rede und Antwort stehen, die ihn des Landesverrats für schuldig erklärten, und so wurde er aufs Schafott geführt, der Scharfrichter bindet ihn aufs Brett; es kippt um: das Messer der Guillotine fällt herab; er fühlt beinahe, wie die Klinge seinen Nacken berührt – und wacht mit entsetzlicher Angst auf. Der Baldachin seines Bettes war gekippt und eine der Stangen auf seinen Nacken gefallen. Für ihn war diese Stange der äußere Reiz, der den ganzen Traum verursacht hat. In vielen Experimenten hat er von da an versucht zu beweisen, dass äußere Reize unsere

Träume bedingen. Er beschreibt sie in seinem Buch »Le sommeil et les reves«, 1865.

Die Romantiker Wenigstens erwähnen möchte ich die besondere Beziehung der Romantiker (etwa zwischen 1790 und 1840). Eines ihrer Lieblingsthemen, die Sehnsucht, findet sich verbildlicht in der traumähnlichen »Blauen Blume der Romantik«.

Die Philosophen Im 19. Jahrhundert waren es vor allem Philosophen, die sich Gedanken über den Traum gemacht haben: Nietzsche, 1844–1900, Schopenhauer, 1788–1860, Carl Gustav Carus, 1789–1869, Charcot, 1825–1893, Janet, 1859–1947, Sir Francis Galton, 1822–1911 – um nur die wichtigsten zu nennen. Diese Gedanken und die Ideen aus dem Symbolismus, Dadaismus und Surrealismus bereiten die Atmosphäre, in der der Naturwissenschaftler und Neurologe Sigmund Freud sein bahnbrechendes Werk »Die Traumdeutung« (1900) schreibt. Über den so folgenreichen Freud'schen Ansatz können Sie sich im nächsten Kapitel informieren.

Zum Schluss des Kapitels, in dem natürlich viele Vorläufer unseres Traumverständnisses unerwähnt bleiben mussten, möchte ich noch auf den engen Bezug der Geheimbünde zum Traum hinweisen. Bei den Mystikern, Okkultisten und in den Geheimlehren über die Jahrhunderte spielen der Traum und das Träumen eine wesentliche Rolle. Templer, Freimaurer, Rosenkreuzer, Theosophen, Anthroposophen: das Träumen ist Thema, wenn's okkult wird. Rudolf Steiner meint z. B., dass die bloße Beschäftigung mit dem Traum die Entwicklung des höheren Selbst anregen könne.

## 4. Träume deuten: Sigmund Freud (1856–1939) und Carl Gustav Jung (1875–1961)

### Gespräche mit August Ruhs und Reinhard Skolek

Mit der Psychoanalyse ist in unserem Kulturkreis der Traum und seine Deutung zu neuen Ehren gekommen. Sigmund Freud und Carl Gustav Jung waren, jeder auf seine Weise, die »Pioniere« der Traumdeutung. Wie sie zu Beginn des 20. Jahrhunderts die Traumtätigkeit des Menschen verstanden haben, hat die psychoanalytischen Schulen und die Psychotherapie überhaupt, und natürlich auch die Menschen, die sich mit ihren Träumen beschäftigen, nachhaltig beeinflusst. Die beiden »Doyens der Traumdeutung« waren jedoch nicht einer Meinung. In entscheidenden Punkten gehen ihre Ansätze auseinander. Sehen Sie selbst in der nachfolgenden Darstellung, was Ihnen die Gedanken von Freud und Jung sagen und ob Sie selber Aspekte finden, die Ihnen den Zugang zu Ihren Träumen erleichtern.

Dem Text über die psychoanalytische Sicht des Traumes möchte ich vorausschicken, dass er eine sehr klassische Sicht darstellt. Auch innerhalb der Psychoanalyse haben Veränderungen stattgefunden. Aber gerade die klassische Sicht finde ich für den Leser dieses Buches als Grundlage interessant.

### Sigmund Freud

»Traum vom 23./24. Juli 1895«, aus: Sigmund Freud (1900), *Die Traumdeutung*

> »*Eine große Halle – viele Gäste, die wir empfangen. – Unter ihnen Irma, die ich sofort beiseite nehme, um gleichsam*

*ihren Brief zu beantworten, ihr Vorwürfe zu machen, dass sie die ›Lösung‹ noch nicht akzeptiert. Ich sage ihr: Wenn du noch Schmerzen hast, so ist es wirklich nur deine Schuld. – Sie antwortet: Wenn du wüsstest, was ich für Schmerzen jetzt habe, im Hals, Magen und Leib, es schnürt mich zusammen. – Ich erschrecke und sehe sie an. Sie sieht bleich und gedunsen aus; ich denke, am Ende übersehe ich da doch etwas Organisches. Ich nehme sie zum Fenster und schaue ihr in den Hals. Dabei zeigt sie etwas Sträuben wie die Frauen, die ein künstliches Gebiss tragen. Ich denke mir, sie hat es doch nicht nötig. – Der Mund geht dann auch gut auf, und ich finde rechts einen großen weißen Fleck, und anderwärts sehe ich an merkwürdigen krausen Gebilden, die offenbar den Nasenmuscheln nachgebildet sind, ausgedehnte weißgraue Schorfe. – Ich rufe schnell Dr. M. hinzu, der die Untersuchung wiederholt und bestätigt ... Dr. M. sieht ganz anders aus als sonst; er ist sehr bleich, hinkt, ist am Kinn bartlos ... Mein Freund Otto steht jetzt auch neben ihr, und Freund Leopold perkutiert sie über dem Leibchen und sagt: Sie hat eine Dämpfung links unten, weist auch auf eine infiltrierte Hautpartie an der linken Schulter hin (was ich trotz des Kleides wie er spüre) ... M. sagt: Kein Zweifel, es ist eine Infektion, aber es macht nichts; es wird noch Dysenterie hinzukommen und das Gift sich ausscheiden ... Wir wissen auch unmittelbar, woher die Infektion rührt. Freund Otto hat ihr unlängst, als sie sich unwohl fühlte, eine Injektion gegeben mit einem Propylpräparat, Propylen ... Propionsäure ... Trimethylamin (dessen Formel ich fettgedruckt vor mir sehe) ... Man macht solche Injektionen nicht so leichtfertig ... Wahrscheinlich war auch die Spritze nicht rein.«*

Der erste gedeutete Traum

Mit diesem Traum beginnt also Freuds Traumdeutung, damit die Psychoanalyse und die Psychotherapie überhaupt. Freud sagt selber, »es ist dies der erste Traum, den ich einer eingehenden Deutung unterzog«. Wie Freud seinen Traum selbst interpretiert hat, können Sie in der »Traumdeutung« nachlesen. Ich möchte an dieser Stelle Professor August Ruhs zu Wort kommen lassen, der mir über Freuds Traum, die Psychoanalyse, das Unbewusste, Traum und Traumarbeit in der Psychoanalyse Auskunft gegeben hat. Er ist Facharzt für Psychiatrie und Neurologie und Psychoanalytiker. Stellvertretender Vorstand der Wiener Universitäts-Klinik für Tiefenpsychologie und Psychotherapie und Vorsitzender des Wiener Arbeitskreises für Psychoanalyse, Mitbegründer und Vorsitzender der »Neuen Wiener Gruppe/Lacan-Schule«.

Professor Ruhs über den »Traum von Irmas Injektion«:

Dieser Traum Freuds ist einer seiner ersten gedeuteten Träume. Dabei hat sich für ihn, wie er selber gesagt hat, das Geheimnis des Traums enthüllt. Er zeigt eine Grundtatsache menschlichen Lebens, menschlicher Existenz: nämlich die Angst und die Faszination vor dem Loch, auch das Loch, aus dem wir geboren wurden. Der Schoß, der Mutterschoß, dieses Loch, das er in Irmas Traum inspiziert, ist von unten nach oben verschoben. Im Traum untersucht Freud Irma. Irma ist die Frau, Irma ist die Mutter, Irma ist die Begegnung mit den letzten Dingen oder mit den ersten Dingen. Er schaut ihr in den Hals, sieht da ganz seltsame Dinge. Dabei kommt er in Berührung mit dem Rätsel der Sexualität, insbesondere mit dem der weiblichen Sexualität und damit zur Frage der Kastration und der Kastrationsangst. Am Ende geht der Traum dann über in eine einfache Formel: »Trimethylamin«, am Ende steht also die Chemie, wir kommen nicht darüber hinaus, letzte Formeln, der Grund der Dinge liegt dann eben in einer Strukturformel, und gleichzeitig nimmt der Traum seinen Ausgang in einer sinnlichen Tatsache. Wenn man den Traum als Ganzes nimmt, deckt er wesentliche Dinge des Lebens ab.

Freud steht also in einer großen Halle. Es geht um eine Patientin, die Freud untersucht. Er schaut ihr in den Hals, entdeckt da Schorfe, weiße Flecken, zieht seine Kollegen hinzu. Es wird diskutiert, was sie hat. Dabei wird auch ein Schuldgefühl von Freud verarbeitet. Er hatte nämlich, gemeinsam mit seinem Freund, seine Patientin falsch behandelt. Eine Nasenoperation hatte sich als verhängnisvoll erwiesen. Der Traum dient somit auch als Entschuldigung für Freud, als Wunscherfüllung, dass ihr Leiden durch etwas anderes als durch seinen Eingriff bedingt sei.

Neben diesen im Wachleben offenbar verdrängten Gedanken geht es aber vor allem um eine Auseinandersetzung mit der Sexualität, die Freuds Lebenswerk bestimmt hat, da sie als wesentlicher Tabubereich auch den Hauptanteil von verdrängten Vorstellungen liefert. Selbstverständlich geht es hier auch um unbewusste Beziehungen des Mannes Freud zum Wesen der Frau.

Der Traum stellt für die Psychoanalyse den sogenannten »*Königsweg zum Unbewussten*« dar. Freud hat sehr bald bemerkt, dass der Traum sehr weit ins Unbewusste hineinreicht, sodass er über die Interpretation des Traumes einen bevorzugten Zugang zu verdrängten Vorstellungen gefunden hat. Der Zugang zum Unbewussten durch den Traum ist nicht ganz einfach, weil auch der Weg zum Unbewussten durch den Traum durch *Widerstände* erschwert wird. Denn auch noch im Schlaf wirkt etwas, das Freud die *Traumzensur* genannt hat.

Die psychoanalytische Traumtheorie beruht auf zwei Erkenntnissen bezüglich der Funktion des Traums:

1) der Traum ist der Hüter des Schlafes,
2) der Traum ist der Versuch einer Wunscherfüllung.

Damit die beiden Funktionen einander nicht stören, muss die Wunscherfüllung des Traumes, da sie für das bewusste Ich eventuell unangenehm ist und mit Angst, Schuldgefühl oder Scham einhergeht, so verändert werden, dass die erste Funktion, nämlich die Aufrechterhaltung des Schlafes, nicht gestört wird. Daher muss die Wunscherfüllung so verändert werden, dass sie einen während des Schlafens nicht zu sehr erregt, also nicht so aufregt, dass man dadurch aufwacht.

Für die Psychoanalyse im Sinne Freuds hat also der Traum zwei Grundbedeutungen, die sich dauernd aufeinander abstimmen müssen.

Der Charakter des Traums ist auch dadurch gekennzeichnet, dass er sich vorwiegend als bildliche Darstellung zeigt, weil seine

Quellen an Stellen des Seelenlebens rühren, die sehr stark von ursprünglichen Erfahrungen, sehr sinnlichen Erfahrungen, geprägt sind. Auf diese sinnliche Art und Weise drückt sich der Traum auch wiederum aus.

Gedanken oder Reize, die im Schlaf an mich herankommen, können normalerweise keine Handlungsvollzüge bewirken, außer etwa beim Schlafwandeln, wo sich der Impuls dann doch zu einer Handlung durchsetzt. Im Allgemeinen stellen wir uns daher den Traum so dar, als ob er ohnehin schon erfüllt wäre, um nicht aufzuwachen. Diese Wunscherfüllung muss einer Wahrnehmung ähnlich sein, damit wir sie auch glauben, und kann nicht nur eine gedankliche Vorstellung sein. Daher drückt sich der Traum hauptsächlich in einer szenischen, bildlichen Darstellung im Sinne eines Erlebens und nicht im Sinne eines Denkens als waches Probehandeln aus. Das wäre zu schwach für eine Wunscherfüllung. Mit Worten können wir uns nur über etwas hinwegtrösten. Daher ist auch die sinnliche Darstellung im Traum sehr wichtig. Freud sieht darin eine Art Umkehrung eines üblichen Reflexbogens: Statt von der Wahrnehmung zur Handlung zu schreiten, wird also eine vorgestellte und gehemmte Handlung mit einem Wahrnehmungscharakter ausgestattet.

Ein Reiz im Schlaf, der als Traumauslöser wirkt, ist meistens ein sogenannter *Tagesrest*. Etwas vom Vortag wird angedacht, wird als Gedanke nicht zu Ende geführt, sondern wird eventuell *verdrängt*. Dieser nicht fertige oder verdrängte Gedanke wird nun im Schlaf, wo er sich gegenüber der Verdrängungsschranke ein Stück weit durchsetzen kann, zum Auslöser eines Traums. Wir sprechen diesbezüglich von einem *latenten Traumgedanken*. Dieser latente Traumgedanke muss sich, wenn er sich als Wunscherfüllung darstellen soll, wenn er zur Wunscherfüllung werden soll, einer ganz bestimmten Dramaturgie bedienen. Er muss so bearbeitet werden, dass er als eine Wunscherfüllung erscheinen kann. Er muss in eine sinnliche Erfahrung übergeführt werden, der Bühne des Traums angepasst werden. Aus diesem Grund hat man auch den Traum als einen »anderen Schauplatz« bezeichnet.

Der »Tagesrest«

Das ist ähnlich, wie wenn jemand ein Buch schreibt und dieses Buch soll zu einer Bühnenfassung umgearbeitet werden. Dann muss man es so umschreiben, dass es auch tatsächlich für die Bühne geeignet ist. Deshalb sagt Freud, die *Traumarbeit* besteht in dieser Umwandlung des latenten Traumgedankens in den *manifesten Trauminhalt*. Dabei muss die Traumarbeit am Text, an diesem Gedanken, einige Veränderungen vollziehen. Freud hat das die Aufgabe einer Rücksicht auf Darstellbarkeit genannt. Man kann nicht ganz abstrakte Gedanken im Traum darstellen, die müssen in etwas anderes übergeführt werden. Man kann den menschlichen Geist im Traum nicht abstrakt darstellen, sondern man muss eventuell ein Gespenst dafür einsetzen, obwohl es eigentlich nicht um ein Gespenst geht.

Das Zweite ist: Der Traum wird entsprechend den Gesetzen des Unbewussten verdichtet, d. h., da sich die Traumarbeit im Unbewussten vollzieht, muss sie auch die Gesetze des Unbewussten als sogenannte Gesetze des *Primärprozesses* berücksichtigen. Im Unbewussten sind die Sachverhalte, mit denen wir zu tun haben, etwas anders aufbewahrt als im bewussten Seelenleben. Da ist vieles komprimiert, da werden Dinge zusammengelegt, die im Bewussten nicht zusammengelegt werden.

Hinter dem manifesten Traum – dem Traum, wie wir ihn träumen – steht also der latente Trauminhalt als das, was der Traum letztlich bedeutet.

Bei der Traumarbeit muss man also die Arbeit des Zensors aufheben, den Traum rückwirkend entschlüsseln und darauf achten,

- was hier zur *Täuschung oder aus Rücksicht auf Darstellbarkeit* ausgelassen worden ist,
- was hier in einem Begriff oder in einem Zeichen zusammengelegt worden ist, aber verschiedene Bedeutungen hat *(Verdichtung)*,
- was verschoben oder eventuell durch etwas anderes ersetzt worden ist *(Verschiebung)*.

Die Täuschung ist deshalb notwendig, weil das Unbewusste ein Wissen hat, von dem die Person eigentlich nichts wissen möchte. Es ist ja verdrängt worden, und aus guten Gründen ist es verdrängt worden, weil es eben etwas Unangenehmes ist, eine verpönte oder verbotene Vorstellung, die entweder Angst, Scham oder Schuldgefühle verursacht. Daher fürchtet man sich auch vor der Wiederkehr. Deshalb sind ja auch die neurotischen Symptome, die eine Kompromissbildung zwischen diesen unbewussten Wünschen und den dagegen gerichteten Abwehrvorgängen sind, häufig so entstellt, dass man sie als solche gar nicht mehr erkennt. Genauso arbeitet der Traum auch, er muss immer täuschen, damit man nicht von vornherein erkennt, dass dieser Traum eigentlich eine Wunscherfüllung ist. Der Wunsch ist ja als Triebabkömmling etwas, das drängt, das nach Befriedigung strebt. Im Traum ist die Schranke des Bewusstseins niedriger, die Zensurschranke ist niedriger, da kommt leichter etwas durch, das man eigentlich nicht denken soll. So wie in der Fehlleistung etwas durchkommt, das ich gar nicht bewusst wahrhaben wollte. Wenn jemand bei einer Begrüßung  »Auf Wiedersehen« statt »Guten Tag« sagt, so heißt dies natürlich, dass ich diese Person lieber nicht sehen möchte. So ähnlich arbeitet der Traum auch. Das Unbewusste kann man sich als einen Ort vorstellen. Er lässt sich nicht genau lokalisieren. An diesem Ort spielt sich eine Dynamik ab, eine Dynamik zwischen verschiedenen Kräften, zwischen verschiedenen Instanzen. Das Unbewusste als solches, im engsten Sinn, kennen wir gar nicht und werden es nie kennenlernen, weil es ja nicht bewusstseinsfähig ist. Erst wenn es über das Vorbewusste zu uns kommt, können wir uns eine Vorstellung davon machen. Das lässt Rückschlüsse darauf ziehen, dass bestimmte Sachverhalte im Unbewussten anders formuliert sind als im Bewusstsein. Das Unbewusste neigt dazu, nach besonderen Gestaltungsprinzipien die Vorstellungen aufzubewahren und zu speichern. Das Unbewusste ist eher wie eine Bilderschrift aufgebaut. Zwischen Bildern, Buchstaben und Worten muss man sehr genau unterscheiden. Es gibt rhetorische Figuren, die man auch in der Poesie verwendet, die findet man in der Sprache des

Unbewussten auch. Im Traum kommt das auch zur Geltung. Deshalb kommt es immer wieder zum Vergleich des Unbewussten mit einer sehr poetischen Sprache. Das Poetische ist sehr nahe am Unbewussten, im Gegensatz zur Alltagssprache, die ja relativ klar ist und umschriebene Definitionen kennt. Das Unbewusste kennt Definitionen nicht. Das Unbewusste ist sehr kreativ, deshalb ist es ja auch die Quelle für Kunst und Wissenschaft, Literatur und Dichtung. Das kommt ja alles aus dem kreativen Prozess des Unbewussten heraus.

Der kreative Prozess des Unbewussten

Das Unbewusste ist nicht das »Es« – das »Es« als Kessel voll brodelnder Leidenschaft und Triebe, wie es Freud genannt hat. Das Freud'sche Unbewusste ist ein Unbewusstes, das aus Sprache gebaut ist, sonst könnte man es ja nicht interpretieren. Ein Säugling kann daher ein Unbewusstes im Freud'schen Sinn noch gar nicht haben, das entsteht erst mit der Vorstellungsfähigkeit, mit etwa einem Jahr. Das Unbewusste bildet sich erst durch Verdrängung von Vorstellung durch andere Vorstellungen. Nicht umsonst können wir uns an die Zeit vor dem Spracherwerb nicht erinnern. Der Primärprozess ist eben nichts anderes als die Art und Weise, wie das Denken im Unbewussten zusammengesetzt ist, und ein Großteil der Psychoanalytiker setzt daher auch das Denken mit der *Sprache* gleich.

*Der Sekundärprozess ist das Bewusstsein.* Wenn ich zum Beispiel sage: Dort fahre ich ungern hin. Das ist ein Satz, den jeder versteht. Im Traum könnte das zum Beispiel abgewandelt werden in: Ich fahre nach Ungarn oder ich träume, dass ich nach Ungarn fahre. Der Primärprozess erlaubt mir, das Wort »ungern« durch »Ungarn« zu ersetzen, was ich im Sekundärprozess als Blödsinn auffassen würde. Der Sekundärprozess ist die vernünftige Kommunikation und umfasst die Denkvorgänge, die auch für die Alltagskommunikation, wie man sie etwa in der Schule, aber auch in jedem normalen Erziehungsvorgang gelernt hat, gelten.

Der Traum als eine Bildung des Unbewussten

Ich sehe den Traum als eine Bildung des Unbewussten und als einen Text, den man richtig lesen muss. Er beinhaltet Fantasmen, die auf zwei Bedeutungsebenen gedeutet werden sollen: nämlich nach dem *Bilderwert* und nach dem *Zeichenwert*.

Nach dem Bilderwert zu deuten, heißt, eine Ähnlichkeit fest-zustellen. Jemand raucht eine Zigarette im Traum. Nach dem Bilderwert gedeutet, weist dieser Traum auf die Befriedigung eines oralen Bedürfnisses und letzten Endes auf einen primären Wunsch nach der Brust hin oder auf eine Erfahrung der mütter-lichen Brust.

Es kann aber auch sein, dass nicht die Zigarette als solche das Wesentliche ist. Die Zigarette kann auch für etwas anderes ste-hen, das nicht nach dem Ähnlichkeitsprinzip aufgebaut ist, son-dern nach dem metonymischen Prinzip; also nicht als Metapher, sondern als Metonymie, als etwas Angrenzendes, das nicht durch Ähnlichkeit gekennzeichnet ist. Dann geht es vielleicht um den Namen der Zigarette, der zu ganz anderen Assoziationen Anlass gibt. Jetzt könnte man als Analytiker fragen: Ist das eine bestimmte Zigarette gewesen? Der Analysand sagt dann – und das ist ein anschauliches Beispiel von einem französischen Psychoanalyti-ker –, es war eine »Craven A«. Aus dem »Craven A«, aus dem Englischen, hat sich assoziativ allerdings etwas anderes ergeben: das französische »à crever«, was »zum Zerplatzen« heißt. Daran anschließend hat sich die Assoziation eines Wunsches ergeben: der schwangere Bauch der Mutter möge platzen, damit das erwar-tete Geschwister zerstört wird.

Freud hat uns in der Traumdeutung gezeigt, wie sehr man den Trauminhalt in jede Richtung abklopfen muss, nach Assoziatio-nen in beiden Richtungen, metaphorisch und metonymisch, um nicht vorschnell nach einem fixen Symbolsystem oder nach einer bestimmten Theorie zu deuten.

Was entscheidet aber, ob eine Deutung richtig oder falsch ist? Es ist weder die Erfahrung und die Kenntnis des Analytikers noch die Beteuerung des Patienten, dass es dies wohl sei, und auch nicht dessen Verneinung und Ablehnung. Entscheidend ist vielmehr, inwiefern eine Deutung neues und erkenntnisreiches Material zum Vorschein bringt. Kann es meine Hypothesen er-härten oder muss ich meine Annahmen korrigieren? Es geht also um einen Prozess, an dem beide beteiligt sind, sowohl der Analysand als auch der Analytiker. Genauer gesagt spielt hier der

Analytiker eine hebammenähnliche Rolle, um dem Patienten zu helfen, das Unbewusste als seine eigene, innere Wahrheit herauszubringen, auch seine Privatsprache – eine intime Sprache, die letztlich nur er versteht, wobei er aber nicht weiß, dass er ihre Bedeutung in sich selbst trägt. Ein Hauptteil der analytischen Beziehung besteht darin, dass der Analytiker dem Analysanden sagt: »Du glaubst, dass ich etwas über dich weiß, was du nicht weißt. Ich weiß es aber auch nicht. Du weißt es selbst, aber du weißt nicht, dass du es weißt, aber jetzt weißt du es!« Das ist ein wesentlicher Aspekt der Übertragung, indem der Analysand ein Wissen über sich selbst auf den Analytiker überträgt. Daraus ergibt sich, dass die Traumdeutung immer nur für ein bestimmtes Subjekt gültig ist und dass man sie nicht mit der Deutung etwa im Sinne eines ägyptischen Traumbuches vergleichen darf.

Der Traum hat insofern eine weitere Bedeutung, als er uns auf eine Ebene zurückführt, wo wir zwischen *Subjekt* und *Objekt* noch nicht genau unterscheiden konnten. Das ist mit der Frage nach der Entstehung des Subjekts verbunden. Der französische Psychoanalytiker Jacques Lacan hat dies in seiner Konzeption des Spiegelstadiums als Bildner der menschlichen Ich-Funktion herausgearbeitet. Demnach konstituiert sich das menschliche Ich als Selbstbild und als Selbstbewusstsein zwischen dem 7. und 14. Lebensmonat, indem sich das Kind mit einem äußeren Bild und insbesondere mit seinem eigenen Spiegelbild – allerdings nicht nur auf einer visuellen Ebene – identifiziert.

Das Wesentliche dabei ist, dass man in diesem Stadium nicht genau sagen kann, ob ich nun der eine oder der andere in diesem Spiegelungsphänomen bin. Im Traum stellt sich der Zustand wieder her, und deshalb sind wir im Traum in allem repräsentiert. Wir sind in dem, was wir träumen, immer auch selber repräsentiert. Darum spricht man auch von der Objekt- bzw. Subjektstufe des Traums. Im Traum bin ich Subjekt und Objekt gleichzeitig. Ich träume von einer Ente, aber die Ente bin ich auch selber.

Der Traum führt uns in die Zeit zurück, in der der Teddybär noch beseelt ist.

Es gibt nach Freud keine allgemeine Traumdeutung im Sinne

eines althergebrachten Traumbuchs, wo man nachschauen kann, was die Traumsymbole bedeuten, weil der Traum von seinem Kontext abhängig ist. Darum wird nicht nur ein einzelnes Wort gedeutet, sondern die Stellung des Wortes oder eine Szene. Die Bedeutung des Traumes muss in einem komplizierten Prozess der freien Assoziation erarbeitet werden. Ziel für den Analytiker ist es, Freuds bekannter Formulierung zu folgen: »Nach vollendeter Deutung stellt sich der Traum als eine Wunscherfüllung dar« – erst nach vollendeter Deutung und nicht von Anfang an. Das gilt auch für Angstträume – denn auch sie können mit einer Wunscherfüllung einhergehen. Wir sehen die Angst als die Kehrseite des Wunsches. Wir fürchten uns ja vor unseren Wünschen, sonst würden wir ja nicht so viel verdrängen. Es kann sein, dass wir von der Angst träumen, und eigentlich träumen wir auch den Wunsch mit. Oder, ein Teil unseres Ichs, der ein Teil ist, den wir als Gegner erleben, kann auch für sich selbst einen Wunschtraum haben. Dann haben wir einen unangenehmen Traum, aber man könnte sagen, das hat das Über-Ich geträumt. Ein sadistisches Über-Ich könnte uns im Traum oder mit dem Traum quälen. Das kann eine Wunscherfüllung eines anderen Teils von uns sein, den wir verdrängt haben.

Traumdeutung ist kontextabhängig

## Carl Gustav Jung

C.G. Jung, der berühmte Schüler Freuds, entfernte sich im Laufe der Zeit immer mehr von den Grundpositionen seines Lehrers (besonders von der Libidotheorie). Und auch für Freud waren bestimmte Grundannahmen Jungs, wie z.B. die Archetypenlehre, unannehmbar. Der Konflikt zwischen Freud und Jung zeichnete sich bereits 1909 ab, als beide gemeinsam eine Reise in die USA unternahmen.

Auf dieser Reise erzählte Jung Freud folgenden Traum:

Er, Jung, träumt von einem Haus, seinem Haus. Im obersten Stockwerk befindet sich eine Rokokoeinrichtung, im unteren Stockwerk mittelalterliches Mobiliar. Der Keller erinnert an die

Jung erzählt Freud einen Traum

römische Zeit, und noch tiefer unten, noch verschlossen, gibt es eine Steinzeithöhle, in der Gebeine liegen, zwei Totenschädel und Tonscherben.

Die Deutungen gehen auseinander

Freud hat diesen Traum als Todeswunsch Jungs gedeutet, und Jung hat sich damit überhaupt nicht verstanden gefühlt. Dieser Traum hat Jungs späteres Konzept von einem historisch geschichteten Unbewussten vorweggenommen mit der untersten Schicht des *kollektiven Unbewussten*, die allen Menschen gemeinsam ist.

Freud lehnte diese Verallgemeinerung ab. Sein Konzept der Triebtheorie konzentrierte sich auf die individuelle Prägung des Einzelnen durch frühkindliche Erlebnisse mit dem Schwerpunkt Sexualität. Für Jung war die Sexualität nur ein Teil des Seelenlebens. Ihn interessierte der ganze Mensch, und er ging im Gegensatz zu Freud von der gesunden und nicht von der neurotischen Entwicklung aus. Jung begründet sein Konzept des kollektiven Unbewussten unter anderem mit der Analyse von Träumen, Märchen und Mythen. Er erkannte strukturelle Übereinstimmungen, die er auf einen allgemein menschlichen Verarbeitungsmodus von seelischen Prozessen zurückführte. Märchen und Mythen sind »psychologische Lehrbücher« aus einer Zeit, da es noch keine psychologische Wissenschaft gab. Die Lehre über den Traum bei C. G. Jung finden Sie sehr gut verständlich wiedergegeben auch bei Verena Kast, 2006.

Mit Freuds Ansichten haben wir uns schon ausführlich beschäftigt, Jungs Denken und Ansätze zum Thema Traum stelle ich im Folgenden dar. Ein Gespräch mit Dr. Reinhard Skolek, dem Ehrenpräsidenten der Österreichischen Gesellschaft für Analytische Psychologie, C.-G.-Jung-Gesellschaft, liegt den folgenden Ausführungen zugrunde:

Für Jung gehört der Traum zum kollektiven Unbewussten

Jung stellt sich die Seele als selbstregulierenden Prozess vor. Das *kollektive Unbewusste* gibt kreative schöpferische Impulse. Damit existiert etwas über dem Ich, über der bewussten Einstellung, von dem man inspiriert und geleitet wird.

Der Traum hat eine ganz wesentliche Bedeutung bei Jung wie alles Bildhafte und Fantasiegeborene.

Jung, der als Psychiater an der Universitätsklinik Zürich tätig war, hat die Wahnvorstellungen seiner PatientInnen verglichen mit den Träumen seiner neurotischen PatientInnen, mit Träumen von Gesunden und auch mit Märchen und Mythologien verschiedenster Kulturen. Er hat herausgearbeitet, dass immer wieder ähnliche Motive und Gestalten, z. B. die Hexe, der Zauberer oder der Held, vorkommen. So ist sein Konzept der Urbilder entstanden – Urbilder, die den Menschen zu allen Zeiten, in allen Kulturen gemeinsam sind. Wenn es solche Bilder gibt, muss es auch in unseren Gehirnen Strukturen geben, die diese Bilder erzeugen. Diese Strukturen hat Jung *Archetypen* genannt. Der Begriff des Archetypus stammt ursprünglich aus der Ethnologie, der Völkerkunde. Die Ethnologen damals meinten, dass diese gemeinsamen Motive und Gestalten in den Mythen durch Migration und Überlieferung weitergegeben werden, ähnlich wie Sprache. Jung aber entdeckte, dass sie in jedem Menschen zu jeder Zeit in jeder Kultur existieren und angeboren sind. In diesem Zusammenhang spricht er von einer biologischen Struktur der Seele.

Die Archetypen erzeugen nicht nur emotional bedeutsame, Sinn gebende Bilder, sondern sie sind auch für unsere Wahrnehmung, unser Erleben und unser Verhalten maßgebend. Sie stehen in Zusammenhang mit den wesentlichen Bedürfnissen des Menschen, mit Emotionen und Motivationen. Emotionen sind allen Menschen aller Kulturen angeboren und gleich. Es gibt eine begrenzte Anzahl von Emotionen: Trauer, Liebe, Wut, Angst usw.

Wir sprechen von archetypischen Bereitschaften. Das sind angeborene Bereitschaften, die Grundbedürfnisse des Menschen, Motivationen und Emotionen umfassen und diese strukturieren, z. B.: Der Mensch kommt mit dem Bedürfnis auf die Welt, einer Mutter mit den notwendig mütterlichen Eigenschaften zu begegnen. Es wird also archetypisch eine Mutter vorausgesetzt, die auf die menschlichen Bedürfnisse eines Säuglings eingehen kann. In dieser Interaktion von Disposition, von Bereitschaft einerseits und der realen Erfahrungen mit der persönlichen Mutter andererseits entstehen individuelles Erleben und individuelle Entwicklung. Der Mutterkomplex wird gebildet. Der Archetyp ist der Kern des Geschehens, die Bereitschaft, etwas erfahren zu wollen, zu müssen, zu brauchen, ist mit den entsprechenden Emotionen verknüpft. Die persönlichen Erfahrungen, die gemacht werden, bilden die persönlichen, individuellen *Komplexe*. Der Kern ist ein allgemein menschlicher – jeder Säugling z. B. braucht von der Mutter Nahrung, emotionale Abstimmung, Körperkontakt etc. Aber dieser individuelle Mensch mit seiner speziellen Mutter wird ganz individuelle Erfahrungen machen auf der Basis des Allgemeinmenschlichen, der Archetypen. Diese individuellen Erfahrungen schlagen sich dann im Gedächtnis des Menschen als Komplexe nieder.

Die Selbstregulation der Psyche

Jung nimmt außerdem an, dass es eine Kraft gibt, die den Menschen anstößt, sich lebenslang zu entwickeln, immer ganzer, immer vollständiger werden zu wollen – das, was in den Archetypen bewusst und unbewusst angelegt ist, auszufüllen. Die Kraft, das Ungelebte lebbar machen zu sollen, kommt von einem Zentrum, dem *Selbst*, dem zentralen Archetyp, der die Ganzheit, die Vollständigkeit des Menschen initiiert. Von ihm geht die *Selbstregulation* der Psyche aus.

Beispiel eines archetypischen Traumes

Ich möchte nun ein Beispiel eines archetypischen Traumes bringen: Ein Mann träumt, dass er sich in einer Kirche befindet, einer menschenleeren, gotischen Kirche. Es ist kalt. Er sitzt und merkt, dass hinter ihm, hinter seinem Rücken, die Tür aufgeht – dass durch den Haupteingang jemand hereinkommt. Er beachtet die Gestalt zunächst nicht, merkt aber dann doch, dass es ein großer, dunkler Mann ist mit einem dunklen Umhang und einem breitkrempigen, dunklen Hut. Er fühlt sich unbehaglich und hat Angst. Der Mann nähert sich von hinten, und der Träumer wird sehr unruhig. Er steht auf und versucht unauffällig zu verschwinden, merkt aber, dass der Dunkle ihm folgt, und spürt, dass er es auf ihn abgesehen hat. Der Träumer wird panisch und beginnt zu laufen. Er läuft an der Sakristei vorbei in den Glockenturm, der Dunkle ist ihm dicht auf den Fersen. Der Träumer läuft im Glockenturm die Wendeltreppe hinauf und kann nicht ausweichen, denn irgendwann ist die Spitze des Turms erreicht. Er kann nicht weiter, »er steht an«. Dann merkt er noch, wie der Dunkle ihn erwischt und über ihn herfällt – und wacht schweißtriefend und in Panik auf.

In diesem Traum kann man sehr schön einige Traumkonzepte Jungs erkennen. Das Ich des Träumers kommt vor, die Tätigkeiten des Ichs sind im Traum nicht verschwunden, sie sind nur eingeschränkt. Der Träumer oder das Traum-Ich läuft vor etwas davon, hat vor etwas Angst. Dieses Etwas, wovor er Angst hat, wird im Traum dargestellt durch eine dunkle Figur, einen dunklen Mann. Das Dunkle nennt Jung den *Schatten*. Der Träumer assoziierte später den Leibhaftigen, den Teufel, zu der dunklen Traumfigur. Im Leibhaftigen ist das Leibliche, das Sinnliche beinhaltet, im Teufel das Böse. Vor dem Bösen, vor dem Leiblichen, Sinnlichen, vor der Sexualität hat der Träumer Angst, läuft er davon. Es geht aber nicht, denn er kann nicht vor Anteilen, die zu ihm selbst gehören, davonlaufen. Er kann nicht vor seiner eigenen Aggression, vor seinen eigenen sexuellen Wünschen, vor seinen eigenen Sehnsüchten, vor seinem Wunsch, sinnlich zu leben, davonlaufen. Sie verfolgen ihn, werden immer da sein wie ein Schatten. Man kann dem Schatten nicht entkommen oder ihn loswerden. Der Traum zeigt, wie der Träumer am Ende des Traumes im wahrsten Sinne des Wortes ansteht. Lebenswichtige Anteile, die unter anderem Lebensfreude bedeuten, sind bisher nicht gelebt worden und haben ihn dadurch neurotisch, krank und unglücklich gemacht. Diese Form der Deutung, dass man Traumfiguren als Teile des Träumers versteht, nennt Jung *Subjektstufendeutung*. Die *Objektstufendeutung* drängt sich dann auf, wenn man von Personen träumt, die man aus der Realität kennt, z. B. Vater oder Mutter. Die Beziehung zwischen dem Träumer und diesen Personen stehen dann im Mittelpunkt der Deutung. Eine Faustregel in der Jung'schen Analyse lautet: Figuren, die man nicht kennt, deutet man subjektstufig, sie gehören zur Person des Träumers. Figuren, die man kennt, werden objektstufig gedeutet, es geht um Personen »außerhalb« des Träumers (Objekt). Bei diesem Traum handelt es sich um einen

Eine Traumdeutung nach C. G. Jung

archetypischen Traum, der subjektstufig gedeutet wird. Archetypische Träume nennt Jung auch große Träume – groß, weil sie meistens sehr ergreifend sind und man sie ein Leben lang nicht vergisst. Man versucht, sie mitzuteilen, weil sie so stark emotional gefärbt sind.

Archetypisch, allgemein menschlich und kulturell beeinflusst ist die Auseinandersetzung zwischen Kirche und Teufel, moralisch und unmoralisch, gut und böse. Dazu kommt andererseits die individuelle Lebensgeschichte des Träumers – nämlich, wie man in seiner Familie mit dem »Teufel«, mit dem Unmoralischen, mit der Sexualität, mit dem Sinnlichen umgegangen ist. Er ist sehr anständig, im christlichen Sinne erzogen worden, durfte nicht egoistisch sein, nicht selbstsüchtig. Das Materielle war des Teufels, der Egoismus war des Teufels, die Sexualität war des Teufels. Wenn die Sexualität zu ungezügelt gelebt wird, ist das tatsächlich eine Gefährdung für die Familie. Wenn aber Ausschließlichkeit gefordert wird, wie in dieser Familie, dann wird es lebensfeindlich, dann kommt es zur Neurose, zur Entzweiung mit sich selbst. Jung meint, dass die Seele selbstheilende Tendenzen besitzt. Sie will, dass diese ungelebten Teile gelebt werden, sie ruft sie in Erinnerung, der Teufel will ins Leben des Träumers eintreten, aber dieser hat noch zu große Angst.

Die menschliche Entwicklung beginnt mit einem archetypischen Bedürfnis. Ist es nicht optimal erfüllt worden, entsteht ein Komplex in diesem Bereich. Es entwickelt sich vielleicht eine Neurose. Wenn man jetzt zurückgeht, durch all diese persönlichen Erfahrungen, die eher hemmend waren, kommt man letztlich wieder auf den Boden des Archetyps und beginnt von vorne. Damit sind archetypische Träume Träume vom Neubeginn. Es kann aber auch das Gegenteil passieren, dass nämlich das Unbewusste mit seiner ganzen mythologischen Macht einbricht und dass die Person diesem Vorgang nicht gewachsen ist. Z. B., wenn das Ich sehr schwach ist, kann der Boden zerbrechen, eine Psychose sich ankündigen.

Der Traum dient nach Jung'scher Auffassung nicht (nur) der Wunscherfüllung. Der Traum zeigt die Komplexe des Träumers,

Archetypische Träume sind Träume vom Neubeginn

malt ein Zustandsbild seiner Seele: In diesem Fall die Entzwei-ung eines Menschen von sich selbst, die panische Angst vor dem »Bösen«, die Unfähigkeit, das Ungelebte in die Persönlichkeit zu integrieren und lebbar zu machen. Der Traum wird nach Jungs Auffassung nicht von einem Traumzensor zensiert, also verklei-det und unkenntlich gemacht. Der Traum drückt sich in Form von emotionalen Bildern, Bildgeschichten symbolisch aus. Bil-der sind die wahrhaftige Sprache der Seele und keine Verklei-dungen entstellter infantiler Wünsche. Jung kritisiert, dass bei Freud jeder Traum auf einige wenige, oft sexuelle, Motive redu-ziert, manchmal fast krampfhaft zurechtgebogen wird.

Träume malen das Zustandsbild der Seele

Der Traum geschieht. Man ist zwar Teil in diesem Gesche-hen, aber im Wesentlichen geschieht er und kommt somit von irgendwo her. Dieses Irgendwo kann man wie die Menschen frü-her bei den Sternen, den Göttern, oder wie wir es heute glauben, im Unbewussten oder dem träumenden Gehirn vermuten.

Üblicherweise bilden sich unsere Komplexe in den Träumen ab. Jung sagt, im Traum treten die Komplexe personifiziert auf. Emotional betonte, bedeutsame Geschichten werden im Traum dargestellt. Diese werden vom Gehirn während des REM-Schlafes im Traum bearbeitet. Im Zentrum steht die Emotion, z. B. Angst. Um diese Angst bauen sich die erlebten, auch fantasierten, Geschichten auf. Es entstehen die Traumgeschichten. Im Traum symbolisieren sich die Komplexe, stellen sich also in symbo-lischer Form dar und werden auch schon im Sinne der Selbst-regulation bearbeitet. Das Problem wird nicht nur abgebildet, sondern es wird auch bereits nach Lösungen gesucht. Die Seele bietet Lösungsansätze, und da unterscheidet sich Jung maßgeb-lich von Freud, sie ist auf ein Ziel hin orientiert. Freud ist kausal ausgerichtet, er fragt nach dem »Woher«. Jung ist aber auch final, lösungs- und zielorientiert und fragt nach dem »Wohin« und dem »Wozu«. Es werden im Traum positive Erfahrungen mit negativen Komplexen verbunden. Das Gehirn ist kreativ, es nimmt positive Erfahrungen zu Hilfe, um Strategien zur Bewälti-gung der Probleme zu finden.

Ein weiterer Gedankengang von Jung ist: Das Unbewusste

verhält sich *kompensatorisch* zum Bewussten. Wenn der Träumer z. B. eine sehr asketische, lebensfeindliche, sexuell-sinnesfeindliche Einstellung hat, dann versucht das Unbewusste diese andere Seite durch Kompensation ins Leben des Träumers hereinzubringen. Es versucht auszugleichen.

Die drei wesentlichen Aspekte der Traumtheorie bei Jung sind also:

- Das Unbewusste ist kompensatorisch. Es gibt kompensatorische Träume, wo das Ergänzende, Ausgleichende angeboten wird;
- Komplexe stellen sich dar und werden bereits lösungsorientiert bearbeitet;
- In Träumen können mythologische Themen auftreten, das sind archetypische Träume, die besonders eindrücklich sind. Sie treten meistens dann auf, wenn sich eine grundlegende Änderung im Leben des Träumers abzeichnet.

Zur Verdeutlichung vielleicht noch ein weiterer Traum. Er stammt von demselben Träumer: In diesem Traum befindet sich unser Träumer in einem Kloster, in dem strenge Ordnung herrscht, Disziplin, Askese als Symbol seiner eigenen inneren Welt. Er ist Mönch in diesem Kloster – tatsächlich ist er Naturwissenschaftler. Im Kloster gibt es eine steinerne Figur, die den Gründer des Klosters darstellt. Er hat vor 800 oder 1000 Jahren dieses Kloster gegründet – ein taoistischer Heiliger, ein weiser alter Mann. Der Träumer geht wie jeden Tag an dieser Figur vorbei. Sie steht in einer Nische. Plötzlich entdeckt er: In dieser Nische ist nichts, die Figur ist weg! Er schaut ganz erstaunt hin, und zu seinem noch größeren Erstaunen kommt plötzlich dieser Heilige aus der Nische heraus, aber aus Fleisch und Blut – er lebt! Aus der steinernen Figur ist ein lebender Heiliger geworden, der ganz gütig, warmherzig, freundlich ist, der ihm großes Vertrauen einflößt und Geborgenheit ausstrahlt. Er nimmt ihn bei der Hand und führt ihn aus dem Kloster. Die anderen Mönche staunen. Der Abt, ein ganz strenger Abt, ist wie von Sinnen.

Man kann diesen Traum im Jung'schen Sinne als Selbstheilungsversuch verstehen mit einer zielgerichteten Orientierung. Der Archetyp des Alten Weisen hat sich konstelliert – das bedeutet Neubeginn. Raus aus diesem Leben, in dem es nur um Selbstdisziplin geht, um Kasteiung und Askese, wo das Über-Ich in Gestalt des Abtes dominiert. Der Heilige hat dieses Kloster gegründet, also er führt ins Kloster hinein, er führt aber auch aus dem Kloster wieder heraus. Er symbolisiert nicht nur einen Teilaspekt, wie z. B. der Abt, der auf Ordnung, auf Dogmen achtet, sondern er ist umfassender, vielseitiger. Für manche wäre es gut, symbolisch in dieses Kloster hineinzugehen – Disziplin zu lernen, für den Träumer ist es gut, aus diesem Kloster herauszukommen – er braucht weniger Disziplin und mehr Lebensfreude. Der Archetyp des Alten Weisen leitet die jeweils notwendigen Schritte ein.

Es geht bei Jungs Traumdeutung nicht um eine Übersetzung der Traumbilder in Worte. Im Gegenteil, die Übersetzung in die Wortsprache würde die Wirkung und Aussagekraft der Bilder reduzieren. Eine Reduzierung würde es ebenso bedeuten, den Traum nur als Wunscherfüllung zu sehen, insbesondere wenn es nur um sexuelle Wunscherfüllung geht.

In der Jung'schen Psychotherapie übersetzt man die Bildsprache des Traumes also nicht direkt in die Wortsprache des Bewusstseins, sondern der Traum mit seinen Emotionen soll wirken, denn die Emotionen leiten Veränderungen ein. Emotional betonte Bilder werden angeboten, die etwas in Bewegung setzen können, wollen und auch sollen. Wesentlich ist, dass Träume unser sehr häufig rational-vertrocknetes Leben verlebendigen können!

Es ist sinnvoll, den Traum im Wachzustand weiter zu fantasieren. Jung hat diesbezüglich ein Imaginationsverfahren, die *aktive Imagination*, entwickelt. Im Prinzip könnten wir die ganze Zeit träumen, aber wenn man durch die Außenwelt abgelenkt ist, merkt man das nicht. Wenn wir die Augen schließen, in einem stillen Raum sind, können wir sofort in die Welt der inneren Bilder eintauchen. Im Nachttraum herrscht eine Fantasietätigkeit, in der das bewusste Ich sehr regrediert ist, im Tagtraum ist das Ich stärker, kann den Traum unterbrechen, kann über seine Bedeutung nachdenken etc. Das Ich-Bewusstsein befindet sich also in einer wesentlich stärkeren, aktiveren Position gegenüber dem Unbewussten.

In-Kontakt-Sein mit seinen Träumen bedeutet In-Kontakt-Sein mit den eigenen Gefühlen

Wer in Kontakt mit seinen Träumen ist, ist auch in Kontakt mit seinen Gefühlen, mit seinem Innersten, mit dem, was ihn bewegt, was ihm wichtig ist. Er ist lebendiger, kreativer, schöpferischer! Es geht darum, über die Träume in Kontakt mit sich selbst als Ganzheit zu kommen, also auch mit den eigenen unbekannten (unbewussten), ungelebten Anteilen. Es ist wichtig, Träume auszudrücken, zu gestalten, zu malen, zu tanzen, wenn jemand musizieren kann, in Musik zu fassen im Sinne eines Sich-Einlassens und Verlebendigens. Dabei kreist die Fantasie um das Traumthema. Der Traum wird dadurch plastischer, runder und auch verständlicher, bis allmählich sein Sinn fassbar wird.

## 5. »Neuronenfeuer« – Was wir über unser träumendes Gehirn wissen

### Im Gespräch mit Allan Hobson

Was sich in unserem Gehirn, in unserem Körper tut, wenn wir träumen, halten viele für nebensächlich. Dass es dies ganz und gar nicht ist, werden Sie in diesem Kapitel sehen. Ohne die körperlichen Vorgänge während des Schlafes können wir das Phänomen des Träumens nicht verstehen. Aus diesem Grund habe ich mich dazu entschieden, ein Kapitel dieses Buches der Physiologie zu widmen.

Ein Drittel unseres Lebens verbringen wir im Schlaf. Doch was wissen wir von dieser Zeit? Was geschieht mit uns, wenn wir schlafen? Warum müssen wir schlafen? Auf einige Fragen hat die Forschung schon – vorläufige – Antworten gefunden.

Die Schlafforschung, wie wir sie heute kennen, beginnt mit der Entdeckung des Elektroenzephalogramms, dem EEG, der Darstellung der elektrischen Ströme der Hirnaktivität. 1937 gelang es A. L. Loomis, fünf verschiedene Schlafstadien zu unterscheiden.

*Was wissen wir heute über den Schlaf?*

Ein weiterer wesentlicher Schritt wurde 1953 an der Universität von Chicago getan. Die Forscher Nathaniel Kleitmann und Eugene Azerinsky entdeckten den sogenannten REM-Schlaf, die »rapid eye movements«, also die raschen Augenbewegungen, die dieser Schlafperiode ihren Namen gegeben haben. Dies geschah zufällig bei der Beobachtung schlafender Kinder, als plötzlich rasche Augenbewegungen registriert wurden, während die Kinder noch schliefen. Als in der Folge Testschläfer, die aus diesem Schlafstadium geweckt wurden, häufig von lebhaften und bunten Träumen berichteten, war klar, dass der Schlaf kein passiver, sondern ein hochaktiver Zustand des Gehirns ist.

Dennoch sind viele Rätsel des Nachtschlafes noch immer nicht vollständig gelöst:

Welche Funktion hat der Schlaf? Wie regenerieren wir uns während dieser Zeit und wodurch können diese Prozesse beschrieben werden? Vereinen wir uns mit dem All, dem Universum, mit dem Nirwana, wie man das im Buddhismus glaubt, oder können wir den Regenerations- und Erholungseffekt auf Zellebene erklären?

Gibt es so etwas wie einen chemischen Schlafstoff? Welche Konsequenzen hat ein gestörter Schlaf auf unser seelisches und körperliches Wohlbefinden?

Und – nicht zu vergessen – woher kommen diese wunderbaren Bilder unserer Träume, die uns faszinieren und uns mitunter mehr bewegen und inspirieren als »reale« Wacherfahrungen?

## Der Schlafzyklus

Entdeckungen wie die des REM-Schlafes sind das Resultat unzähliger schlafloser Nächte von Forschern, Schlafmedizinern, Psychologen und technischem Personal, deren Erkenntnisse dazu beitrugen, dass wir heute den Schlaf anhand von Schlafstadien, die sich zyklisch pro Nacht wiederholen, beschreiben können. Anhand dieser Schlafprofile, auch Schlafarchitektur genannt, beurteilen wir heute den Schlaf und seine Qualität.

Unser Leben, Tag und Nacht, läuft in Zyklen, in Rhythmen ab. Dabei zeichnet sich der Wachzustand, im Gegensatz zum Schlafzustand, durch rasche Hirnwellen, relativ hohe Muskelanspannung und Augenbewegungen aus, die wir einerseits willkürlich, gezielt und kontrolliert ausrichten können, die aber andererseits auch unwillkürlich und automatisch, von unbewussten Vorgängen gesteuert, unser Sehen bestimmen.

Zwei dieser Rhythmen, ein 24-Stunden-Rhythmus und ein 90-Minuten-Rhythmus, bestimmen unseren Schlaf. Der 24-Stunden-Rhythmus bestimmt unsere Wach- oder Schlafphase an sich, und der 90-Minuten-Rhythmus, wiederum in fünf Stadien geteilt, definiert den Schlaf.

Schlaf kündigt sich – wie wir alle allabendlich erleben – durch das »Schwach werden«, »Schwinden der Kräfte«, das Prädormitium an. Kräfte und Glieder beginnen nachzugeben und sich zu lösen.

Der Schlaf beginnt mit dem sogenannten Stadium 1, dem Einschlafstadium. Der Körper entspannt sich, die Gehirnwellen werden langsamer (8–12 Hz, die sogenannten Alphawellen beginnen sich auszubreiten), die Muskelaktivität wird reduziert, und wir verlassen die Welt des bewussten Daseins. Die Augen bewegen sich langsam und rollend.

Das ist das Stadium des Schäfchenzählens bzw. die Welt der hypnagogen Bilder, das sind jene Bilder, die beim Einschlafen auftauchen. Die Körpertemperatur fällt um einige zehntel Grad ab, Atmung und Puls werden langsamer, der Blutdruck sinkt.

Danach gleiten wir in das Stadium 2, in dem Gehirn- und die Muskelaktivität weiter kontinuierlich abnehmen. Manche Menschen knirschen in dieser Phase mit den Zähnen. Nun sinken wir in den langsamwelligen Tiefschlaf, in das 3. und 4. Stadium. Etwa 30 bis 40 Minuten nach dem Einschlafen ist dieser Zustand erreicht. Hier kann es zum Schlafwandeln kommen. In Stadium 3 zeigen sich Theta-Wellen (4–8 Hz).

Im 4. Stadium strömen die Hirnwellen, die sogenannten Delta-Wellen, langsam, mit 1–4 Hz. Hier zeigt das Gehirn die geringste Aktivität. Es scheint zu ruhen. Die Muskeln sind jedoch leicht aktiv, also bereit für den Notfall. In diesem Zeitabschnitt wird für die Regeneration des Körpers gesorgt, Eiweißmoleküle werden wieder aufgebaut und regeneriert. Angstzustände können eintreten.

Nachdem das 3. und das 2. Stadium wieder passiert worden sind, begibt sich der Schläfer nicht wieder in die Einschlafphase, sondern in den REM-Schlaf, die Phase der schnellen Augenbewegungen, der »rapid eye movements«. Das Gehirn entwickelt eine Aktivität, die dem Wachzustand sehr ähnlich ist. Die Muskelspannung verschwindet völlig, die Augen vollführen schnelle Bewegungen. William Dement bringt in den 60er-Jahren des letzten Jahrhunderts aufgrund zahlreicher Untersuchungen die-

Die REM-Schlafphase

ses Schlafstadium mit dem Erleben von Träumen in Zusammenhang – »als ob die Augen einen Film abtasteten« –, so die daraus abgeleitete Scanning-Hypothese. Heute können wir allerdings nicht mehr mit Sicherheit ausschließen, dass wir nicht auch in anderen Schlafstadien mentale Vorgänge erleben. Jedenfalls wird seither der REM-Schlaf Traumschlaf genannt. Wir können davon ausgehen, dass in diesem Stadium tatsächlich mentale Vorgänge stattfinden, die wir Träume nennen: bunte, oft bizarre und unerklärliche filmartige Bildabfolgen, die meist von starken Gefühlen bestimmt werden. In diesem Schlafabschnitt scheint das System der willkürlichen Muskulatur zu ruhen, eine Art »mentale Verdauung« findet statt.

Entweder erwacht der Schlafende in diesem Moment, oder er steigt die »Schlaftreppe« wieder hinunter.

Der durchschnittliche Schläfer durchlebt diese etwa 90-minütige Abfolge bis zu fünf Mal, wobei sich die Phasen im Laufe einer Nacht verschieben:

Der REM-Schlaf dauert zu Beginn etwa 5 Minuten und wird im Laufe der Nacht immer länger. Gegen Morgen kann er bis zu einer Stunde dauern. Der komaartige Delta-Schlaf nimmt dagegen im Laufe einer Nacht kontinuierlich ab. Dennoch wachen wir mehrmals pro Nacht auf, bis zu 28 Mal! Dies geschieht allerdings nur für ein paar Sekunden, zu kurz, um dies bewusst wahrzunehmen.

Unser Schlaf wird von zwei verschiedenen Bedingungen reguliert: die einfache Ermüdung, die man Schlafdruck nennt, und die Tageszeit – unser 24-Stunden-Rhythmus, beide bestimmen, wann wir müde sind und welchen Schlaf wir schlafen werden.« (Holzinger, 2006).

Über den Ablauf unseres Schlafes wissen wir also schon relativ viel, wenig erforscht sind jedoch die »Übergangsstadien« zwischen schlafen und wachen. Sie könnten uns wohl am besten Aufschluss geben über mögliche Schlaf- oder Wachstoffe.

Dafür wissen wir aber über das gerade für den Traum interessante REM-Schlafstadium eigentlich schon recht viel. Viele wichtigste Erkenntnisse über den REM-Schlaf und seine Mechanismen haben wir Allan Hobson, Professor für Physiologie an der Harvard Medical School, Psychiater und Pionier bei der Erforschung des REM-Schlafs, zu verdanken. Hobson ist sicherlich in erster Linie Naturwissenschaftler, er hat aber auch die Wanderausstellung zum Thema Schlaf in den 60er-Jahren des vorigen Jahrhunderts ermöglicht und gestaltet, liebt die Kunst, war mit Fellini befreundet und hat heute sein Landhaus in Vermont zu einem Schlaf- und Traummuseum umgewandelt, so groß ist seine Leidenschaft für den Schlaf, den REM-Schlaf und den Traum.

Um Ihnen den derzeitigen Stand des Wissens auf diesem Themengebiet vermitteln zu können, habe ich mit Allan Hobson ein Interview geführt, das ich Ihnen etwas gekürzt zur Verfügung stellen möchte.

Allan Hobson ist nicht nur einer der Pioniere der Erforschung des REM-Schlafs und damit des physiologischen Korrelats des Träumens in gewisser Weise, sondern auch ein passionierter Forscher, Lehrer und begnadeter Vortragender und Buchautor und vor allem einer meiner wichtigsten Lehrer und Mentoren. Kennengelernt habe ich ihn 1989 bei einer Konferenz der ASD – Association for the Study of Dreams. Im Laufe unserer Gespräche hat er mir verraten, dass er, der begnadete Hirnforscher und provokante Freud-Kritiker, das luzide Träumen kennt und sich dafür interessiert! Genau im Zentrum seiner Forschung, nämlich mitten im Hirnstamm, erlitt er als etwa 70-Jähriger einen Schlaganfall und konnte so einen sogenannten First-Person-Bericht geben, was eine Beschädigung des Hirnstammes für Folgen hat. Besonders hat ihn natürlich interessiert, welche Folgen das für das Träumen hat. In einer sehr berührenden und schonungslosen Wissenschaftspublikation beschreibt er das auch. Er wusste sich auf dem Wege der Genesung, als er wieder anfing zu träumen.

Ich bin ihm sehr dankbar, dass er im folgenden Interview für meine Leser und Leserinnen noch einmal die Physiologie des REM-Schlafs unter besonderer Berücksichtigung des Träumens erklärt hat – ein Titel, auf dem er besteht, da es in Wissenschaftskreisen erbitterte Debatten darüber gibt und man ganz sauber

Allan Hobson: Pionier der REM-Schlaf-Forschung

formulieren muss. Im Folgenden gebe ich das Interview übersetzt wieder. Niemand kann so klar, so deutlich und gleichzeitig spannend und umfassend REM-Schlafphysiologiegeschichte erzählen wie er. Wenn man Genaueres nachlesen möchte, empfehle ich sein Buch: Dreaming, Oxford Press, 2005. Sollten Sie über den einen oder anderen Fachbegriff stolpern, klinken Sie sich bitte nicht aus – das Gehirn ist sehr komplex –, lesen Sie einfach darüber. Das Interview enthält die neuesten Erkenntnisse, die für die Physiologie des Träumens wichtig sind.

### Die Physiologie des REM-Schlafs unter besonderer Berücksichtigung des Träumens

B. H.: Bitte erkläre uns die Physiologie des Träumens.

A. H.: Wenn man beginnt, sich Gedanken zu machen über die Physiologie des Träumens, muss man mehrere Dinge vorausschicken:

Erstens: Träumen ist eine subjektive Erfahrung einer Gehirnaktivierung während des Schlafes. Aber sie findet während des Non-REM-Schlafs genauso statt wie während des REM-Schlafs. Während des REM-Schlafs dürfte sie häufiger und intensiver sein. Man muss sich also bewusst sein, dass unser Thema nicht heißen darf »die Physiologie des Träumens«, sondern »die Physiologie des REM-Schlafs, der auch mit dem Träumen korreliert«.

Diese Ungenauigkeit hat unserem Forschungsfeld von Anfang an geschadet. Dieses Problem hat natürlich mit dem kartesianischen Dualismus zu tun und vielen anderen philosophischen Problemen. Aber wir müssen uns darüber im Klaren sein, dass wir über einen Zustand des Gehirns sprechen, der hoch übereinstimmt mit einem subjektiven Zustand des Geistes (Seele). Wir wissen im Augenblick noch nicht, ob die beiden, REM-Schlaf und Traum, wirklich identisch sind, und wir sollten auch nicht vorschnell davon ausgehen.

Den REM-Schlaf finde ich besonders interessant, weil ich der Meinung bin, dass es der Gehirnzustand ist, der am ehesten das Träumen unterstützen könnte. Aus diesem Grund dürfte es schon nützlich sein, darüber nachzudenken, was REM-Schlaf ist, wo er herkommt, wie und warum er entsteht. Wir können dann besser verstehen, wie unser Traumleben zustande kommt. Das ist unsere philosophische (grundsätzliche) Position zu diesem Thema.

Um mehr über den REM-Schlaf zu erfahren, benötigt der Forscher übrigens unbedingt das Experiment am Tier. Das könnte für manche Menschen schwer zu akzeptieren sein. Doch wenn man sich auf den Menschen allein beschränkt, kann man einfach nicht erschöpfend herausfinden, wie das Gehirn funktioniert. Das stimmt sogar heute noch, wo wir doch schon bildgebende Verfahren entwickelt haben. Denn was sich in den Zellen und Molekülen abspielt, kann nicht durch regionale Hirnaktivierungsaufzeichnungen herausgearbeitet werden.

Der REM-Schlaf ist, das muss man auch im Auge behalten, ein universelles Säugetierverhalten und dient vermutlich der Erhaltung der Fähigkeit der Thermoregulation. Es ist überlebensnotwendig für Säugetiere, das Gehirn bei konstanter Temperatur zu halten. Wenn Ihnen kalt ist, können Sie an nichts anderes denken als daran, wie Sie sich wärmen könnten. Vermutlich erleben auch Tiere eine Art Traum im REM-Schlaf, aber Träumen ist das in der Form, die wir Menschen unter Träumen verstehen, vermutlich nicht. Träumen in unserem Sinne ist vermutlich gebunden an Sprache und so nur beim Menschen zu finden. Aber irgendeine Art der Hirnaktivierung und damit des Träumens findet wahrscheinlich auch bei anderen Säugetieren statt. So scheint klar zu sein, dass Katzen und Hunde etwas wie Träume erleben, aber sie haben sicherlich keine Träume in Geschichten wie wir, vermutlich haben sie sogenannte primäre Bewusstseinsleistungen wie Wahrnehmung und Gefühl. Aber sicherlich hat es nichts mit Denken oder mit Symbolleistungen zu tun. Man muss sehr streng bei der Auswahl dessen sein, was man von den Modellen, die aus den Tierversuchen stammen, übernehmen kann. Andererseits kann man von Tieren Dinge lernen, die man nie vom Menschen lernen könnte.

Alle Säugetiere kennen den REM-Schlaf

Es ist wichtig, dass man sich diese Dinge ins Bewusstsein ruft, bevor man sich dem Thema zuwendet, man vermischt Voraussetzungen einfach zu leicht, REM-Schlaf wird zu leicht mit Träumen gleichgesetzt – was auch immer in der Katze vorgehen mag, würde beim Hund auch so sein und sogar beim Menschen. Aber das stimmt eben so nicht so einfach.

Was man aber sagen kann, ist sicherlich, dass Träumen mit Hirnaktivität einhergeht. Je mehr Hirnaktivität man während des Schlafs sieht, desto mehr wird man auch damit verbundenes Träumen finden. In gewisser Weise ist das paradox, von Hirnaktivität während des Schlafens sprechen, wenn die meisten Menschen glauben, während des Schlafens im Nichts herumzuschwimmen. Trotzdem ist offensichtlich irgendein Bewusstseinszustand mit dem Schlafen verbunden. Dieser Bewusstseinszustand ist Träumen. Das geht eben eher vor sich, wenn das Gehirn aktiviert ist und nicht inaktiv ist, was wir annehmen, dass es sei, wenn wir schlafen. So, Träumen hat sicherlich mit Hirnaktivität zu tun, und viele Jahrhunderte lang hat man das nicht bemerkt. Erst im 20. Jahrhundert hat man diesem Phänomen Aufmerksamkeit geschenkt, und erst 1953 haben Azerinsky und Kleitmann das EEG-Muster für Hirnaktivität entdeckt und die Augenbewegungen, die damit verbunden sind.

Als Nächstes wollten wir verstehen, wie diese Dinge überhaupt stattfinden können. Es stellt sich heraus, dass es nicht nur einen Flipflopschalter gibt, der den Schlaf anwirft und der sich im Hypothalamus befindet – heute schon gut erforscht –, dass es einen Flipflopschalter im unteren Hirnstamm gibt. Er konvertiert den Schlaf von einer Form zur anderen – vom Non-REM-Schlaf, der relativ inaktiv ist, zum REM-Schlaf, der relativ aktiv ist. Unser nächster Punkt ist also, dass der pontine Hirnstamm die Maschinerie ist, die den REM-Schlaf generiert. Der pontine Hirnstamm ist ein Teil des Hirnstamms, in dem ein Teil des Pons, der Brücke liegt. Deshalb sollte diese Aktivität einiges Interesse bei denen erzeugen, die die basalen Gehirnvorgänge des Träumens modellieren wollen. Es kommt alles vom tieferen oder unterem Teil unseres Gehirns, von dem die meisten Menschen glauben, dass er hauptsächlich mit Dingen beschäftigt ist wie Blutdruckregulation und Gleichgewicht. Aber dieser Teil ist sehr wichtig für den Schlaf und dafür, welchen Schlaf wir bekommen. Die große Überraschung ist also, dass der Hirnstamm das Kontrollorgan dieser verschiedenen Zustände ist.

Die nächste Frage ist, wie macht der Hirnstamm das! Die Antwort ist, dass, sobald der Flipflopschalter im Hypothalamus sagt: Schlaf ein!, das Gehirn durch ein Set von Veränderungen geht, die ziemlich stereotyp und heute schon recht gut beschrieben sind, in denen die Hemmung der REM-Schlaf-Generatorneuronen im Hirnstamm langsam aber sicher weniger und weniger wird über den ganzen Non-REM-REM-Schlafzyklus. Damit erhöht sich die Wahrscheinlichkeit des Auftauchens der Hirnaktivität exponentiell bis hin zum REM und damit erhöht sich auch die Wahrscheinlichkeit, dass man gegen Ende des REM-Schlafs lange, komplizierte Träume hat zu diesem Zeitpunkt. Das ist also interessant.

Dieser Aktivierungsprozss wird durch einen Neurotransmitter (Chemikalie) veranlasst und in der Folge begleitet, die wir gut kennen: Acetylcholin. Wir wissen heute, welche Zellen es herstellen, wie es ausgeschüttet wird, wo es ansetzt und agiert, wo und wie es erregt und wie es andere Mechanismen im Hirn, die wahrscheinlich mit dem Träumen zusammenhängen, triggert. Bevor wir uns diesen zuwenden, möchte ich noch sagen, dass das Aufdrehen dieses cholinergen Mechanismus, der wiederum REM-Schlaf generiert, selber eine Folge der Verringerung seiner Hemmung ist durch zwei andere chemische Systeme, vielleicht sogar drei, die bei der Erhaltung des Wachseins eine Rolle spielen: das noradrenerge System des Locus Ceruleus, das serotonerge System des Raphékerns und das Histaminsystem rund um die Mamillarkörper des Hypothalamus. Diese drei Zellgruppen müssen aufgedreht bleiben, damit wir wach bleiben. Wenn wir anfangen zu schlafen, beginnen sie zuzumachen, und sie schließen sich völlig im REM, das ist, wenn dafür das cholinerge System beginnt, wild zu agieren. Dabei gelingt es dem Gehirn irgendwie, nicht aufzuwachen, und ich erkläre jetzt, wie das passiert:

Die Chemie spielt eine wichtige Rolle

Das Gehirn sendet sich selber Botschaften. Diese Botschaften, die es sich selber schickt, sind die, die wir als Verhalten, Wahrnehmung, Gefühl und alles andere, was wir im Traum erleben, interpretieren. Das ist alles ganz schön interessant. Es stellt sich allmählich heraus, dass Träumen sicherlich ein Produkt dieser sehr spezifischen Hirnaktivität ist. Wie kann das Gehirn also aktiviert werden, ohne dass wir dabei erwachen?

Da gibt es zwei Ideen, die dabei wichtig sind. Die eine ist, dass die Input-Outputkanäle blockiert sind, sensorischer Input ist blockiert, obwohl das Gehirn aufgedreht ist, deshalb ist es schwierig, Information in das System zu bringen, und die sensorischen Outputsysteme sind auch blockiert, deshalb ist es schwierig, Information aus dem System herauszubringen. Wir imaginieren uns selbst dabei, wie wir in unseren Träumen herumlaufen, und liegen doch ruhig in unseren Betten und nehmen keine Inputs der Außenwelt wahr und verhalten uns eben auch nicht danach. Das ist der eine Mechanismus.

Der andere Mechanismus ist: Der Wechsel vom aminergen zum cholinergen Sein beeinflusst vermutlich die Reaktionen anderer, auch kortikaler Hirnstrukturen, Logik und Erinnerungsvermögen sind eingeschränkt. Alle diese Veränderungen sind vermutlich Resultate der Trigger aus dem Hirnstamm, wie ich sie gerade beschrieben habe. Es hat sich also bereits ein sehr interessantes Bild entwickelt übers Träumen. *Das bedeutet: Träumen geht mit Hirnaktivität einher während des reduzierten sensorischen Inputs und des reduzierten motorischen Outputs.* Und dazu kommt die veränderte Chemie des Gehirns, die verursacht, dass einige psychologische Leistungen, vor allem die, die üblicherweise während des Wachseins vorhanden sind, ganz und gar nicht gegeben sind in Träumen, wie z. B.: Orientierung; im Traum verändern sich Figuren und Orte ständig. Das waren die Dinge, die bei Freud Symbole, Maskierung, Verdichtung etc. hießen.

Aus Studien, die bildgebende Verfahren zur Untersuchung verwenden – mit diesen Methoden kann man sozusagen dem Gehirn bei der Arbeit zusehen –, und durch die Zusammenfassung verschiedener Forschungsarbeiten durch Mark Solms über das Träumen von PatientInnen mit Schlaganfällen in bestimmten Regionen des Gehirns wissen wir heute, dass bestimmte Areale mit dem Träumen zusammenhängen. Zum Teil können wir diese Aktivitäten noch gar nicht richtig verstehen, zum Teil wissen wir bereits sehr viel. Für Wissbegierige und solche Leser, die sich mit Hirnstrukturen bereits ein wenig befasst haben, eine kurze Zusammenfassung:

Während des REM-Schlafs sind aktiv:

- *Der pontine Hirnstamm;* seine Funktion habe ich schon vorher beschrieben;
- *die Amygdala,* eine Ansammlung von bestimmten Nervenzellen im limbischen System, auch Mandelkern genannt. Der Amygdala wird zugeschrieben, dass sie bei Gefühlen besonders involviert ist, im Speziellen negativen Gefühlen, wie Angst und Wut. *Die Aktivierung unseres emotionalen Systems ist somit eine wichtige Funktion des REM-Schlafs! Das Träumen dürfte also mit unseren Gefühlen zu tun haben;*
- *das parietale Operculum* – eine Hirnstruktur der Hirnrinde, der räumliches Erleben zugeschrieben wird. Für das Träumen ist das plausibel – wir träumen meistens in räumlichen Vorstellungsbildern;
- *die tiefe frontale weiße Masse;* darüber wissen wir leider noch nicht sehr viel. Ist sie völlig außer Kraft gesetzt, träumen wir nicht mehr;
- und *das anteriore Cingulatum.*

Weniger aktiv im REM-Schlaf als im Wachen sind:

- Der DLFRC, *der dorsolaterale präfrontale Kortex.* Dieser Teil der Hirnrinde liegt im vorderen Teil des Gehirns. Ihm werden sogenannte Ich-Funktionen zugeschrieben, wie ein »Ich-Gefühl« oder Willensfunktionen;
- und *das posteriore Cingulatum.*

Wenn die *primäre visuelle Hirnrinde* ausfällt, sehen wir in unseren Träumen nicht mehr.

Gehirnaktivität während des REM-Schlafes

In den letzten zehn Jahren haben wir wirklich viel Neues über das Gehirn herausfinden können. Trotzdem sind die Zuschreibungen über die Hirnregionen immer noch recht schwierig, in welcher Weise z. B. das Cingulatum mitwirkt, können wir noch nicht genau sagen. Ich wünschte, ich wäre noch ein bisschen jünger, dann könnte ich diese spannenden Forschungsansätze selber weiterführen.

Aber sogar die Ergebnisse, die wir bisher gefunden haben, werfen ein völlig neues Licht auf den Traum und die damit verbunden Theorien. Für die psychotherapeutische Arbeit mit Träumen bedeutet das jedenfalls eine große Veränderung!

B. H.: Ich danke dir! Dir zuzuhören ist immer ein Vergnügen – ich staune immer, wie es dir gelingt, kurz und anschaulich diese schwierigen und komplexen Sachverhalte auf den Punkt zu bringen!

# 6. Traumarbeit in der Gestalttherapie

Jetzt haben wir uns die »großen Traumtheorien« wieder einmal vergegenwärtigt.

Was bleibt? Was sagt uns dieser Überblick? Wie sieht man den Traum in anderen Kulturen, wie haben ihn unsere Ahnen gesehen? Wie hat sich der Durchbruch der Traumwelten Anfang des 20. Jahrhunderts durch Sigmund Freud, C.G. Jung und schließlich die naturwissenschaftliche Forschung gestaltet?

Wenn man die vorherigen Kapitel zusammenfasst, ergeben sich – wie ich finde – folgende Gemeinsamkeiten:

Festzuhalten ist, dass es in der antiken Welt darauf ankommt, wer träumt – nur integre Menschen können integer träumen. Josef, als er träumt ,»auserwählt« zu sein, wird von seinem Vater belehrt, er möge vorsichtig sein, wem er diesen Traum erzählt, denn Träume können gefährlich sein, für den Träumer, aber auch für andere.

Festzuhalten ist weiter, dass es in den verschiedenen Kulturen in und durch das Träumen immer darum geht, zu kommunizieren oder Zukünftiges zu beträumen. Selbst in unserem Kulturkreis sagt man, ich muss drüber schlafen – und damit selbstverständlich auch drüber träumen.

Die aktuellen Traumschulen, besonders die Freud'sche, Jung'sche und die auf der Physiologie basierende, fechten erbitterte Kämpfe darüber aus, wer wohl recht hat. Ich möchte hier mal das Gegenteil versuchen und überlegen, was ihnen denn gemeinsam ist:

Festzuhalten ist, dass in allen »Traumschulen« alle Traumfiguren, Traumgestalten, Traumobjekte, Landschaften – kurz

Viele Ansätze und einige Gemeinsamkeiten der Traumtheorien

alles, was im Traum auftritt, als Teile des Träumers gesehen werden.

Festzuhalten ist weiter, dass der Traum höchst individuell ist und es daher keine allgemeingültige Deutung von Trauminhalten gibt. Der Traum kann nicht ohne Träumer gedeutet werden.

Festzuhalten ist auch, dass keine allgemeingültige Interpretation angenommen wird, sondern dass sich die Bedeutung des Traumes für den Träumer im Gespräch, in der sogenannten Traumarbeit, im Erarbeitungsprozess herausstellt.

Festzuhalten ist ebenfalls, dass der Traum zeitlos ist – Gegenwart, Vergangenheit und Zukunft bilden sich ab. Das Thema ist im Vordergrund und bereitet uns insofern auf die Zukunft vor. Der Traum hilft uns, uns zu entwickeln!

Festzuhalten ist auch, dass der Traum Inspiration höchster Qualität ist, für alle! In Form und Ausprägung wiederum höchst individuell, aber wissenschaftlich gesprochen ist der Traum eine kognitive Höchstleistung, mit keiner anderen Leistung tagsüber vergleichbar! Nichts macht uns neugieriger als ein Traum – wir wollen es wissen, wir wollen etwas damit tun! Er irritiert, er motiviert und er inspiriert!

Die Nachtfantasie, die sich im Traum äußert, ist bei weitem mächtiger, als die Tagfantasie es je sein könnte. Im Schlaf haben wir uns in uns selbst zurückgezogen, erholen uns, um dem nächsten Tag wieder gut gewachsen sein zu können, und müssen uns nicht, oder fast nicht, mit dem Draußen beschäftigen. Manche haben das Gefühl, dass sie sich an etwas Größeres da draußen »andocken«, dass sie Informationen erhalten, die sie selber nicht wissen können.

<table>
<tr><td>Wie versteht Gestalttherapie Träume?</td><td>Als Gestalttherapeutin finde ich natürlich all das in der Gestalttherapie wieder. Deshalb möchte ich Ihnen im Folgenden einen Einblick in meine Arbeit geben. Es handelt sich dabei um Gestalttherapie pur, sie liegt mir besonders am Herzen und ist mit nichts zu verwechseln. Wie versteht Gestalttherapie Träume und Traumarbeit?</td></tr>
</table>

Zunächst einige Worte über die Gestalttherapie als solche:

Begründet wurde sie im Wesentlichen von Fritz Perls (1893–1970) und seiner Frau Laura (1905–1989). Ihre Wurzeln sind in der Gestalttheorie und der Gestaltpsychologie einerseits zu finden, in der Psychoanalyse andererseits. Aber auch Einflüsse des Existenzialismus, des Schauspiels oder einzelner Autoren wie Martin Buber, Paul Tillich und Gedanken des Taoismus sind zu finden.

Die Gründer der Gestalttherapie

Die Hauptidee von Gestalt(-theorie) ist, dass die Gestalt ein Ganzes ist, ein vollständiges, in sich ruhendes Ganzes. Der essenzielle Grundsatz der Gestalttherapie ist: Die Summe der Gestalt ist etwas anderes als die Summe der einzelnen Teile. Eine offene Gestalt drängt zur Vollendung, drängt nach Vervollständigung, drängt danach, sich abzuschließen, denn sonst verfolgt uns das sogenannte unfinished business in unseren Gedanken und Fantasien wie z. B.: Da war doch etwas, was ich noch tun muss, oder das lässt mir keine Ruhe, oder irgendwann muss ich den oder die anrufen und dies oder jenes klären. Diese Gestalten kommen von selbst an die Oberfläche. Wir müssen uns nur dem Offensichtlichen zuwenden.

Perls, zwar selbst Intellektueller, Arzt und ausgebildeter Psychoanalytiker, hat nach Wegen gesucht, die langwierige Psychoanalyse abzukürzen, und als Technik u. a. das Rollenspiel eingeführt. Später, als er bereits in die USA immigriert war, hat er ziemlich provokant postuliert, »lose your mind and come to your senses«, man soll also den Kopf verlieren – oder zumindest lockern – und zu den Sinnen, zur Sinnlichkeit kommen. Leicht gesagt, wenn man selbst so gebildet ist wie er.

Gestalttherapie beruht quasi auf einer Gleichung: Wahrnehmung (Awareness) = die Gegenwart = Wirklichkeit. In der Gestalttherapie versuchen wir, das Offensichtliche, das, was sich an der Oberfläche zeigt, das, was von oder an oder durch die Patientin, den Patienten wahrgenommen werden kann, also gesehen, gehört oder gerochen werden kann, deutlich zu machen und die entstehende Gestalt an der Therapeutin-Patienten-Beziehung herauszuarbeiten. Jede Flucht in die Zukunft oder die Vergangenheit

Grundsätze der Gestalttherapie

verstehen wir als Widerstand gegen die momentane Begegnung. Unser Ziel ist es, dass der Patient sein verlorenes Potenzial wieder zurückerobert, konflikthafte Polaritäten integrieren lernt und den Unterschied verstehen lernt zwischen Spielchen spielen und authentischem Verhalten. In dieser »sicheren Notfallssituation« der Therapiesituation beginnt der Patient Risiken einzugehen und sich mehr und mehr auf die eigenen Ressourcen zu verlassen. Sobald eine Patientin gelernt hat, auf eigenen Beinen zu stehen, emotional, intellektuell und ökonomisch, ist die Notwendigkeit für Psychotherapie obsolet.

In der Gestalttherapie fragen wir nicht so sehr nach dem warum, sondern nach dem wie und was. Z. B. wie ist die Struktur unseres Lebensscripts und wie können wir sie, wenn erforderlich, neu strukturieren, bzw. was können wir umschreiben?

In der Gestalttherapie gehen wir davon aus, dass Träume existenzielle Botschaften für uns bereithalten, die wir verstehen lernen sollen. Wie unsere Persönlichkeit treten auch unsere Träume fragmentiert auf. Viele Teile unserer Persönlichkeit sind weder miteinander verbunden noch arbeiten sie vernetzt. Sie sind vorhanden, müssen sich aber noch zu Ganzheiten, zu Gesamtgestalten zusammenfinden, um ein Individuum wirksam sein zu lassen. Gestalttherapie ist keine analytische, sondern eine integrative Methode. Wenn man mit Träumen arbeitet, ist die Versuchung seitens der Therapeuten groß, interpretieren zu wollen. Jede Interpretation, jede Deutung seitens des Therapeuten bleibt ein kognitiv-intellektuelles Spiel, wenn der Träumer beim Versuch, den Sinn des Traumes zu verstehen, nicht eine aktive Rolle spielt. Der/die Träumerin selbst weiß viel mehr über sich selbst als der/die Therapeutin und muss am persönlichen Sinnfindungsprozess aktiv beteiligt sein. Es ist eine Frage des Lernens, eine Frage des Offenlegens des eigenen Selbst.

Selbstverständlich sind unsere Träume auch von tagsüber Erlebtem inspiriert, von Dingen, die wir nicht vollständig verarbeitet haben oder die wir einfach erlebt haben und die nach Einordnung verlangen.

Konkret gehen wir in der Traumarbeit so vor:

1) Wir fordern den Patienten auf, den Traum in der Ich-Form, in der Gegenwart zu erzählen, als ob der Traum gerade passieren würde.

2) Als zweiten Schritt machen wir den Patienten zum Bühnenregisseur: Mach dir doch bitte eine Bühne für deinen Traum zurecht. Sprich bitte als die Traumfigur in der Gegenwart, als ob der Traum jetzt, im Hier und Jetzt, geschehe. Nimm der Reihe nach alle Rollen der Personen und Gegenstände ein, die in deinem Traum vorkommen. Erzähle, was du erlebst und wie dir in diesen Rollen zumute ist.

3) Als dritten Schritt zentrieren wir zwei Traumfiguren, die den Hauptkonflikt verkörpern.

4) Der Träumer spricht in der Gegenwart aus, was sein Kontrahent zu ihm vorher im Rollenspiel gesagt hat, in seinem jeweils angebrachten Alter, in der ihm angemessenen Sprache. Er spricht in der Ich-Form: Ich … Die Rollenspiele werden fortgesetzt, bis der verbale Ausdruck sich mit dem empfundenen Gefühl deckt und der Erzähler sich dessen gewahr wird.

5) Was sich als Hauptgefühl herauskristallisiert hat, wird der Situation angemessen ausgedrückt und mit der Therapeutin anschließend besprochen. Die nächsten Impulse des Erzählers werden erfragt: Was möchtest du als Nächstes tun? Wie könnte es für dich weitergehen?

Das essenzielle Ziel der Gestalttherapie ist, dass wir von Marionetten wieder zu echten Menschen werden und durch das Annehmen abgespaltener Aspekte unserer Persönlichkeit wieder zu unserer eigenen Kraft zurückfinden. Wenn Sie den langen Traumarbeitsweg abkürzen möchten, können Sie den Traum in der Gegenwart erzählen und nach jedem Satz sagen: »So ist mein Leben, mein Dasein.« Denn der Traum ist nicht nur ein Thema Ihres Lebens, er ist eine grundlegende Struktur Ihres Daseins. Achten Sie dabei darauf, dass Sie sich nicht durch kleine Bewegungen ablenken oder unterbrechen. Unser Ziel ist, dass Sie sich einlassen, sich involvieren.

Folgende Aspekte der Traumarbeit in der *Gestalttherapie* möchte ich zusammenfassen:

1) Der Traum ist eine *existenzielle Botschaft*.
2) Das Traumerleben findet in, wie Perls sagt, *Maya* statt. Er meint damit die Fantasiewelt, die er als innere Erlebnis- und Erlebenswelt bezeichnet. Sie dient einerseits dazu, das Leben mit den Aufgaben, die »da draußen« auf uns warten, besser gestalten und bewältigen zu können. Andererseits bildet sie uns selber ab und hat damit dasselbe Gewicht wie die sogenannte Wachwahrnehmung.
3) Im Traum schreibt und beschreibt man das Drehbuch/*Skript des eigenen Lebens*.
4) Traumfiguren, Symbole, Gestalten, Landschaften, Tiere, Dinge repräsentieren *Anteile des Träumers*, obwohl nicht ausgeschlossen wird, dass bisweilen die Wachrealität in die Traumrealität herüberreicht.
5) Traumarbeit findet *im Hier und Jetzt* statt, in der Gegenwart, im Vordergrund, auf dem Hintergrund der Person mit der gesamten Biografie, den Erfahrungen, Wünschen, Hoffnungen.
6) *Traumarbeit muss erlebt werden*, d. h., im Rollenspiel kommen die verschiedenen Aspekte des Traumes zu Wort mit ihren jeweiligen Wahrnehmungen, Gefühlen, Stimmungen und dem, was sie zu sagen haben. Was eine Traumfigur repräsentiert, wird z. B. im Rollenspiel empfunden und erlebt, wobei das implizite Ziel das Zusammenspiel, die Integration von schwierigen Figuren ist. Unter schwierigen Figuren sind bedrohliche, ekelige oder sonstwie abstoßende Gestalten gemeint. Nicht nur das Rollenspiel ermöglicht Erfahrung, sondern auch andere kreative Medien, wie z. B. Zeichnen, Malen, Tonarbeiten, Musik …
7) Dennoch ist das Rollenspiel der Königsweg zur Integration. Perls benützt dafür den *Hot-Seat* – den heißen Stuhl, der übersetzt auch der elektrische Stuhl heißt, der in einer Gruppentherapiesituation aber bedeutet, dass sich jemand für eine Arbeit gemeldet hat und damit in den Mittelpunkt der Gruppe

gerückt ist. Häufig verlangt eine Arbeit den *Empty Chair*, den leeren Stuhl, einen Platz für den Gegenspieler, Kontrahenten, und somit eine Einladung für Rollenspiele.

Der Therapeut achtet in einer Traumarbeit auf Bewegungen, Mimik, Ausdruck, Stimme und Tonfall des Träumers beim Erzählen des Traumes und der anschließenden Traumarbeit. Der Traum ist die Sprache der Psyche, eine Sprache der tiefen Strukturen, die versucht, eine Botschaft zu vermitteln. Die Kunst des Therapeuten oder Traumarbeiters besteht darin, dieser Botschaft als Begleiter möglichst getreu Ausdruck zu verleihen. Die Psyche wählt alle möglichen Wege, uns diese Botschaft nahezubringen. In der nächtlichen Ruhe ziehen wir uns ein Stück weit von der Welt zurück. Da kann die Psyche beginnen, uns einen Teil ihrer Botschaft zu vermitteln. Wenn wir diesen Weg ernst nehmen, haben wir ein außerordentliches Medium in der Hand, mit dem wir, wenn wir feinfühlig vorgehen, uns ein Stück bei der Suche nach dem eigenen Selbst entwickeln können.

Worauf der Therapeut achtet

Dem Therapeuten geht es darum, diese tiefen Stimmen so wahrhaft wie möglich zu vertreten und zu zeigen, wie feinfühlig Erlebnisse in dieser Tiefe sich melden können und wie wir sie für uns wertvoll ins Leben tragen.

Die Therapeutin hilft dabei, dass aus den Stücken, die der Traum der Seele als Anregungen bringt, etwas entstehen zu lassen. Träume sind Bilder aus dem Leben, fast immer Bilder, die wir erfahren haben, häufig in einer Reihenfolge, die zunächst unerklärlich erscheint. Es sind auch die »Cuts« der Träume interessant, warum ein Traum an einer bestimmten Stelle abreißt, warum gerade da das Bild endet und ein neues im Raum steht. Erst im Arbeiten mit diesen Sequenzen wird sichtbar, was darin an Botschaft versteckt ist und welchen Sinn die Botschaft hat. Oft ist es der Träumerin lange nicht einsichtig, was der Traum will. Von außen kann man häufig schon ahnen, was der Traum sagen will.

Nun möchte ich das eben beschriebene Vorgehen anhand eines Traumarbeitsbeispiels illustrieren. Hat man die Möglich-

Ein Beispiel

keit, vor allem die Zeit, lässt man tatsächlich jede Traumfigur, jede Traumgestalt zu Wort kommen, sich im Raum platzieren, in der stimmigen Position, Haltung und mit dem richtigen Abstand zu den anderen Traumfiguren und fordert sie dann einzeln auf zu sprechen. Wie man sich vorstellen kann, kann das viele Stunden dauern. Deshalb versucht der Therapeut, die zwei wichtigsten Gegenspieler, die im Traum vorkommen, herauszuspüren, Protagonist und Antagonist, oder wie Perls sie genannt hat, Topdog und Underdog – Über- und Unterhund.

Wenn das, wie im folgenden Beispiel so etwas wie der Hund von Baskerville ist, der also stark gefühlsbesetzt ist, wird dieser Hund vermutlich einer der Spieler sein, und wenn ein Ich im Traum vorkommt, ist vermutlich das Ich der andere Spieler.

Einer meiner ehemaligen Supervisanden – jemand, der sich in Ausbildung zum Gestalttherapeuten befindet und selber schon mit KlientInnen zu arbeiten begonnen hat – erzählt folgenden Traum:

»*Ich laufe durch eine Stadt (Paris?) und werde von einem Rudel Rottweiler verfolgt. Die Meute hetzt mich durch die verschiedenen Viertel der Stadt und über große Plätze. Diese Verfolgungsjagd erinnert mich in gewisser Weise an James Bond. Ich laufe zwar vor der Meute davon, aber mein Gefühl ist eine Mischung aus Angst und Erregung. Meine Angst vor dem Rottweiler ist nicht überwältigend, aber begegnen möchte ich ihm nicht.*«

Gestalt-
therapeutische
Annäherung an
einen Traum

Nennen wir meinen Supervisanden Egon. Egon ist ein sehr begeisterter und begabter angehender Therapeut. Seine Familiengeschichte ist interessant und nicht ganz einfach. Er ist bei einer alleinerziehenden Mutter, die dann später wieder geheiratet hat, und deren Ursprungsfamilie aufgewachsen. Die Mutter war Alkoholikerin. Beim Vater und dessen Familie, besonders dessen Mutter, hat er sich sehr häufig und gerne aufgehalten. Diese Großmutter musste als deutsche Adelige vor den Nazis flüchten, weil sie ihrerseits ihren jüdischen und politisch nicht opportunen

Schulfreundinnen zur Flucht verholfen hatte. Geflüchtet ist sie zu der Familie eines österreichischen Soldaten, den sie in den Kriegswirren kennengelernt und geheiratet hatte. Diese Familie bestand aus oberösterreichischen Tagelöhnern, die ihrerseits Nazis waren. Aber angesichts der edlen Herkunft der damals jungen Frau hat man sie gerne aufgenommen und versteckt. Egon hat zu dem Zeitpunkt unserer gemeinsamen Arbeit schon einen längeren Therapieprozess hinter sich. Er war in seiner Kindheit und Jugend viel allein und allein gelassen, hat aber, rege wie er ist, früh gelernt, sich auf sich selber zu verlassen.

Egon, selber an Traumarbeit interessiert, möchte sich mit diesem Traum unter meiner Anleitung auseinandersetzen.

Ich ersuche ihn also, den Traum noch einmal in der Gegenwart zu erzählen, dabei auf seine Empfindungen zu achten und mir mitzuteilen, wenn sich seine Gefühlslage ändern sollte. Ich versuche, unsere Arbeit so genau wie möglich wiederzugeben.

B. H.: Setz dich bitte bequem hin, so, dass du dich frei fühlst, schließ dann die Augen, Egon, und konzentriere dich auf deine Atmung. Wenn du dann bereit bist, versetz dich bitte wieder in den Traum, hol ihn dir gewissermaßen wieder zu dir, spür zuerst die Stimmung des Traumes und stell dir dann vor, dass du wieder in diesem Traum bist. Lass dir Zeit dabei. Erzähl mir bitte – in der Gegenwart, was du erlebst und wie es dir dabei geht.

EGON: (Egons Gesicht wirkt leicht angespannt, aber nicht beunruhigt.)

Ich werde von einer Meute Rottweiler durch Paris gehetzt, ich laufe und spüre meine Beine dabei, sehe rechts und links Häuser an mir vorbeiziehen. Einerseits habe ich Angst, aber andererseits spüre ich einen fast angenehmen Schauer im Nacken. Aber stehen bleiben oder umdrehen könnte ich mich nicht. Ich merke nur, wie ich renne und renne.

B. H.: Wir könnten jetzt noch länger im Traumbild bleiben und über deine sehr präzisen Körperwahrnehmungen versuchen, uns dem Traum anzunähern. Weil in diesem Traum aber ganz deutlich zwei Figuren, die miteinander in Beziehung, in diesem Fall eigentlich nicht stehen, sondern laufen, möchte ich dir eine

Traumarbeitstechnik, die sich auf diese beiden besonders konzentriert, vorschlagen. Stelle dir vor, dass dieser Rottweiler sich hier irgendwo im Raum befindet. (Ich erkläre so minutiös, denn viele Menschen wissen nicht, was sie mit so einer Situation anfangen sollen.)

EGON: Brrrhhh, na ja, wenn er weit genug weg ist?

B.H.: Egon, steh bitte selber auf, schau dich um und such dir einen Gegenstand aus, der den Rottweiler am ehesten repräsentieren könnte.

EGON: (Geht im Raum herum, schaut sich um, sieht dann den großen roten Aggressionswürfel – ein Schaumgummiquader für Aggressionsgehemmte, ein Einrichtungsgegenstand für PsychotherapeutInnen – und sagt dann: DER!)

B.H.: Ja, dann hol ihn raus und platziere ihn dort, wo der Rottweiler wäre.

EGON: (Egon platziert ihn ihm gegenüber auf der anderen Seite des Zimmers gerade stehend, ihn direkt konfrontierend.)

B.H.: Wo stehst du? Bitte achte darauf, dass auch die Distanz zwischen euch stimmt.

EGON: (Stellt sich diametral auf der anderen Seite dem Aggressionswürfel gegenüber.)

B.H.: Wie geht's dir da?

EGON: (Hat unruhig zu tänzeln begonnen.)

B.H.: Achte auf deine Bewegungen, was tust du da?

EGON: Ich bin sehr unruhig, kann kaum ruhig am Boden stehen bleiben.

(Seine Arme sind leicht angehoben, hängen aber wie leblos herunter.)

B.H.: Achte auf deine Arme – was spürst du?

EGON: Die Oberarme sind wie angeklebt am Körper. Sie sind ganz fest.

B.H.: (Ich habe vorher schon an ein Boxtraining gedacht und ermuntere Egon deshalb): Heb doch mal die Arme an. Und mach das bitte stärker, was deine Beine und deine Füße tun wollen.

EGON: (Beginnt in den Knien rhythmischer zu werden und bewegt sich behände mit kleinen Zwischenschritten.)

B.H.: Du wirkst auf mich wie ein Boxer, dessen Oberarme zum Körper gebunden sind, tanzend oder tänzelnd.

EGON: Ja, ich tanze sehr gerne, und ich glaube, auch ganz gut!

B.H.: (Ich merke, dass sich seine Hände tatsächlich zu Fäusten geballt haben.) Was ist mit deinen Händen?

EGON: Ja, die haben sich zu Fäusten geballt, aber meine Oberarme sind so, als ob sie von hinten jemand festhalten würde.

B.H.: Sehr gut, versuch in dieser Bewegung und dieser Empfindung zu bleiben, lass dir Zeit, vielleicht kommt eine Erinnerung, wer dir die Arme von hinten am Körper festhält.

EGON: (Zwischen Tänzeln und unrhythmischem Hin und Her, wenn die Knie nicht mehr elastisch, sondern steif sind.)

B.H.: Lass dir Zeit – wer oder was fällt dir ein – wenn du dich auf dieses Gefühl konzentrierst, dass deine Arme festgemacht sind …

EGON: (Hat die Augen geschlossen – zu meiner großen Überraschung sagt er rasch): Ja, das ist meine Großmutter, die adelige. Die hat mir immer gesagt, wütend sind wir nicht, das ist ordinär, das machen nur Bauern … Egon lacht.

B.H.: Hat sich die Empfindung in deinen Armen geändert?

EGON: Ja, es kommt ein Kribbeln, sie heben sich vom Oberkörper leicht ab, ja, sie spüren sich insgesamt leichter an! Ah, das ist sehr angenehm.

B.H.: Lass das Kribbeln voll zu, atme tief und versuch voll, zuzulassen, was sie tun wollen.

EGON: Ja, sie wollen sich abheben, jetzt sind sie ganz leicht – aber die Großmutter ist immer noch da.

(Es folgt ein Rollenspiel mit der Großmutter, in dem zusammengefasst Egon der Großmutter Abbitte leistet und ihr sagt, dass er in Zukunft selber entscheiden wird, wann und wie er seine Aggressionen einsetzt, und dass er Aggressionen nicht ordinär oder gewöhnlich findet, sondern männlich und stark.)

B.H.: Führ die Bewegung doch bitte jetzt ganz aus.

EGON: (Beginnt unglaublich behände, wie ein richtiger Boxer im Boxtraining mit beiden Armen oben und den Händen das Gesicht und Kopf abwechselnd schützend und dann wieder angreifend mit großer Geschicklichkeit und Lust zu tänzeln.) Großartig – das macht unglaublich Spaß.

B. H.: (Ich lasse ihn eine Weile diese Bewegungen auskosten und sage dann:)

Egon, wenn du dich fürs Erste genug bewegt hast, bleib doch bitte mal stehen, spür in deinen Körper hinein, atme tief und sag mir, wie's dir geht.

EGON: Ja, herrlich, ich fühle mich unglaublich belebt und stark – in jedem Moment bereit zur Tat, wenn nötig, aber nicht angespannt, sondern elastisch und gleichzeitig sehr stark!

B. H.: Sehr schön: Versuch, dir dieses Gefühl zu merken – eine spezielle Stelle im Körper, in der du diese Stärke am besten spürst, und sag mir dann, wo dein Rottweiler sich jetzt befindet.

EGON: Ja, das sind die Oberarme! Ja, und wenn ich mich selber so stark fühle, dann ist der Rottweiler eigentlich zu meiner Rechten bei mir, und ich sag: Bei Fuß, und könnte ihn vielleicht sogar am Kopf kraulen.

B. H.: Jetzt, nachdem du im Rollenspiel durcherlebt hast, was sich durch den Traum ausgedrückt hat, sag doch bitte noch einmal in deinen eigenen Worten, was der Traum dir sagen wollte.

EGON: Die Botschaft ist: meine gebändigte Aggression ist nicht ordinär, sondern kräftig, und sie ist nicht pfui, sondern hilft mir dabei, mich ohne Mühe durchzusetzen. Ich bin einfach, wenn ich ganz bin, eine Respektsperson!

B. H.: Wäre der Traum ein Film, welchen Titel könnte er haben?

EGON: »Rotti – meine ungeahnten Kräfte« vielleicht – da steckt der oder die Ahnin auch noch mit drin! Immerhin sind sie ja durch die Anweisungen meiner edlen Großmutter gebunden gewesen. Ja, jetzt, wo ich Aggression selber nicht mehr von vornherein als etwas Gemeines, Niedriges verstehe, sondern als eine Kraft, als meine Kraft, kann ich sie annehmen und gezielt einsetzen – ich habe mich durch dieses Rollenspiel dieser Kraft bemächtigt!

Ich glaube, diese Arbeit zeigt sehr gut, wie die Aggression, die Egon nicht leben durfte, ihn von seiner männlichen Kraft abgeschnitten hat und wie gut er sich auf diese Traumarbeit hat einlassen können und diese Kraft integriert hat. In einem nächsten Traum wird ihn der Rottweiler sicherlich nicht mehr jagen!

Nehmen Sie sich etwa 30 Minuten Zeit für Ihre Traumarbeit.

Setzen oder legen Sie sich an einen Ort, wo Sie sicherlich ungestört und geschützt für sich selber sein können.

Atmen Sie möglichst frei und tief.

Versuchen Sie, Ihren Geist zu leeren.

Genießen Sie diese erholsame Leere.

Wenn es für Sie richtig erscheint, lassen Sie einen Ihrer Träume auftauchen – einen Traum, der Sie schon immer interessiert hat, oder einen Traum, den Sie in einer der letzten Nächte geträumt haben.

Lassen Sie sich Zeit, erforschen und erkunden Sie den Traum bis ins kleinste Detail vorbehaltlos und möglichst sinnlich.

Achten Sie dabei auf Ihre Gefühle.

Erzählen Sie den Traum laut und verwenden Sie dabei die Gegenwartsform, als ob der Traum jetzt in diesem Augenblick wieder geschieht.

So, aus der Distanz betrachtet, wie einen Film oder ein Videoclip, welchen Titel würde dieser Film haben?

Was ist die Hauptbotschaft des Films.

Formulieren Sie einen Satz.

Und jetzt beginnen Sie bitte eben diesen Satz mit: Ich …

Lassen Sie diese Erfahrung auf sich wirken und überlegen Sie, ob der Satz für Sie in der Wachwirklichkeit stimmt, und wenn ja, warum und in welcher Form welche Lebensbereiche betroffen sein könnten?

## **7.** **W**ie sich der Körper in unseren Träumen ausdrückt

Schon Aristoteles...

Es war, wie bei so vielen großen Themen, Aristoteles (384–322 v. Chr.), der – soweit wir wissen – als Erster behauptet hat, »daß der Träumende sich treffsicherer als krank erlebt als der Wachende« (Aristoteles, 1924). Er schreibt weiter, dass schwache Reize, die von einem kranken Organ ausgehen, im Traum in voller Wirkung erscheinen, weil sie sich im Wachen wegen der stärkeren Tageseindrücke nicht bemerkbar machen können.

Aristoteles machte die Beobachtung, dass leichte Sinneseindrücke in den Traum eingebunden und in starke Empfindungen umgewandelt werden. So träumt man, wenn ein Körperteil leicht erwärmt wird, dass man durch Feuer läuft und dessen Hitze spürt. Daraus folgerte Aristoteles, dass bestimmte Träume Hinweise auf körperliche Leiden geben könnten, die sich noch nicht in sichtbaren Symptomen gezeigt hätten, und dass das eventuell für die Medizin nutzbar gemacht werden sollte.

Den körperlichen Aspekt des Traumes bzw. des Träumens beschreibe ich im Folgenden anhand eines ganz speziellen Traumes eines Seminarteilnehmers. Mit diesem Körperaspekt meine ich, wie sich körperliche Vorgänge oder Gegebenheiten, die noch unbewusst sind oder auch schon bewusst sind, in Träumen ausdrücken können. Vorausschicken möchte ich, dass vermutlich nicht jeder Traum eine Körperbefindlichkeit als Grundlage hat und dass sich nicht jede körperliche Befindlichkeit in Träumen ausdrückt.

Dennoch: Sogar aus der Schlafmedizin gibt es Beispiele: Lange war die Lehrmeinung, dass nächtliche Asthmaanfälle, die ja sehr schwerwiegend sein können und meist aus im REM-Schlaf stattfinden, von Träumen in keiner Weise begleitet würden. Einer der frühen Schlafforscher hatte das so formuliert – es benötigte 20 Jahre und einen findigen Schlafforscherschüler, der sich diesem Thema noch einmal gewidmet hat. Er konnte nachweisen, dass diese nächtlichen Asthmaanfälle selbstverständlich von Träumen begleitet werden. Eine meiner Klientinnen, die unter Asthma litt, erzählte das etwa so: Ich befinde mich in einem herrlich grünen saftigen Dschungel, es ist wunderschön – ich bin mir nicht sicher, irgendwie glaubte ich einen jungen Mann wahrzunehmen … ich weiß nicht wie, aber plötzlich ist ein ganz heftiger Sandsturm aufgekommen und hat all das Grün weggeblasen. Wo vorher saftige Pflanzen waren, ist jetzt nur noch trockener Sand. Schließlich hat dieser Sandsturm auch mich erreicht, und ich bin aufgewacht, weil der Sand in meiner Nase, in meinem Mund, in den Bronchien, überall, wo sonst Luft ist, war und scheußlich gekratzt hat und mir die Luft zum Atmen genommen hat … ich bin mit einem Asthmaanfall aufgewacht.

Ob und in welcher Form der Körper in Träumen »gelesen« werden kann, wird die Forschung noch viele Jahre beschäftigen. Dass aber der Traum Körperzustände wiedergibt, ist allen bekannt, wird aber (vorbewusst) völlig übersehen. Jeder kennt das in irgendeiner Form. Man träumt z. B. von Wasser, wenn man eigentlich des Nächtens aufstehen muss, um sich zu entleeren. Jeder weiß, dass man nach einem schweren Abendessen womöglich belastet und belastend träumt und damit schlecht schläft. Jeder weiß also, dass körperliche Bedingungen Auswirkungen auf den Traum haben können. Der Traum als noch nicht bewusstseinsfähige Wahrnehmungen interner sinnlicher Reize? In anderen Worten: Der Traum könnte Erkrankungen und Störungen abhandeln, noch bevor man tagsüber etwas spürt oder bemerkt hat. Warum also nicht noch einen Schritt weiter gehen und überlegen, ob der Traum vielleicht so etwas wie ein Frühwarnsystem bei Erkrankungen sein kann (weil er Veränderungen oder Belastungen des Körpers früher und »einfacher« verarbeitet – nämlich in Bildern –, als es unser Bewusstsein kann).

Oder: Könnte der Traum sogar bei körperlichen Erkrankungen oder Erkrankungen, die als rein körperlich gelten, als thera-

*Körperzustände können sich im Traum spiegeln*

peutische Maßnahme dienen? Wieder ein Beispiel aus der Schlaf-medizin. Die Psychologie, Psychotherapie wird bei der Behand-lung von Schlafstörungen derzeit noch viel zu wenig in Betracht gezogen. Offensichtlich ist, und das wird auch gemacht und eva-luiert, dass Schlaflosigkeit auch mit psychotherapeutischen Mit-teln zu behandeln ist und auch behandelt wird. Aber es gibt auch Erkrankungen, deren Ursache man rein genetisch erklärt. Die zwar, zugegebenermaßen, nicht sehr häufig vorkommen, aber, wenn sie auftreten, sehr quälend sein können. Als eines dieser Beispiele möchte ich die REM-Verhaltensstörung (REM-Beha-vior Disorder – kurz RBD) nennen. Die Betroffenen scheinen dabei ihre Träume auszuagieren. Dieses Verhalten kann mitunter sehr heftig sein, und es besteht die Gefahr, dass der/die Betref-fende sich oder seinen/ihren Bettpartner dabei verletzt.

Vor einigen Monaten kam ein etwa 85-jähriger, sehr fitter Mann in meine Praxis. Er sei auf der Suche nach Hilfe. Er möchte seine inzwischen sehr häufigen und quälenden Albträume irgend-wie in den Griff bekommen. Er wisse auch ganz genau, warum er sie habe. Er hätte im Zweiten Weltkrieg bei der Schlacht von Montecassino als Deutscher am Fuß dieses Klosters in den Linien der Deutschen wochenlang gelegen. Die Gurkas und andere bru-tale Kampfeliten aller Gegner hätten sie allnächtlich bedroht und sie hätten als Trophäen den Deutschen und Österreichern Füße, Finger, Ohren etc. abgehackt. Jede Nacht würde er wiedererle-ben, dass ein Gurka sich über ihn beuge, und während er ihm beginnt, das Ohr abzusägen, würde er selber wild um sich schla-gen, vor allem mit den Füßen und Beinen versuchen, diesen Gurka zu vertreiben. Damit er sich aber irgendwie aus dieser all-nächtlich bedrohlichen Situation retten kann, hätte er sich eine Art Kabelgestell gebastelt, das durch das Treten seiner Beine akti-viert würde und den oberen Teil seines Bettes heftig aufschleu-dert, sodass er selber davon aufwacht.

Selbstverständlich denke ich als Therapeutin daran, dass er vermutlich traumatisiert wurde, und erkläre ihm, wie er seine Albträume bewältigen oder in den Griff bekommen kann, und setze bei der Behandlung allgemein bei der Traumatisierung an.

Aus schlafmedizinischer Sicht, im Schlaflabor diagostiziert, hätte dieser Mann eine REM-Verhaltensstörung, und diese wird medikamentös behandelt. Wie ich erst kürzlich erfahren habe, gibt es einige wissenschaftliche Arbeiten darüber, dass Menschen, die unter einer RBD leiden, auch traumatisiert sein könnten. Meinem Klienten war sicherlich sehr geholfen, und jetzt, einige Zeit später, werde ich ihn mal fragen, wie es ihm geht. Wäre es nicht wunderbar, über die Veränderung des Traumes eine Erkrankung bewältigen zu können?

In diesem Licht gesehen, könnte der Traum eine unendlich gesunde und wertvolle Einrichtung unseres Da-Seins und so unbeachtet wie bisher ein brachliegendes Juwel für Medizin und Heilkunst sein eine Art Selbstheilungsversuch und eine kleine Therapie (nicht nur Psycho-) für zu Hause.

Die Homöopathie hat das schon lange erkannt. Dr. Susanne Diez, Ärztin, Homöopathin in eigener Praxis, Lehrbeauftragte der Österreichischen Gesellschaft für Homöopathische Medizin, erzählt: »In der homöopathischen Behandlung stellen die Träume des Patienten eine eigene Klasse von Symptomen dar, mit der je nach Individualität des Krankheitsbildes des Patienten verschieden methodisch umgegangen werden kann.«

Leider ist die Bildwelt nicht so einfach und zuverlässig abrufbar wie unsere Digitalwelt, die wir mit Worten beschreiben und mit Mitteln der Physik und der Mathematik, der Naturwissenschaften ganz allgemein, berechnen können.

Im Folgenden beschreibe ich ausführlich anhand der Traumarbeit mit Leo, einer meiner Klienten, die Körperlichkeit des Traumes. Leo ist ein recht attraktiver, etwa 35-jähriger Grafiker, der mit folgendem Traum im Rahmen eines Workshops »arbeiten« wollte. Im Fachjargon bedeutet »arbeiten«, dem Traum auf die Schliche kommen zu wollen, herausfinden zu wollen, was der Traum wohl sagen möchte.

Traum»arbeit«
mit Leo

Um zu illustrieren, wie ich mit Träumen »arbeite«, versuche ich den (Arbeits-)Prozess möglichst wahrheitsgetreu wiederzugeben.

Etwa gegen Ende des zweiten Tages eines dreitägigen Workshops, an dem es um Traumarbeit und Klartraum ging, erzählt

Leo folgenden Traum mit dem Wunsch, diesen Traum »unter die Lupe zu nehmen«:

> *»Ich ging über ein alte, morbide wirkende Brücke (vielleicht so wie die Karlsbrücke in Prag). Am Ende befand sich auf der rechten Seite ein zerfallener, runder Turm. D. h., der obere Teil fehlte bzw. es standen nur noch Mauerreste. Eine Wendeltreppe führte nach unten zum Wasser. Ich schritt die Stufen hinab – in der Hand hielt ich an der Flosse einen Fisch. Unten angekommen, sah ich das »Wasser« – dieses war gefroren. Ich schleuderte mit Wucht den Fisch auf das gefrorene Wasser. Nun bin ich wieder oben auf der Brücke, laufe die letzten Schritte bis an ihr Ende. Ich halte eine Taschenlampe in der Hand. Es ist dämmerig. Auf der rechten Seite sehe ich eine Horde von Fledermäusen – wie eine Pinguinkolonie. Eigentlich war es vom Aussehen eine Pinguinkolonie, aber mit Zähnen von Fledermäusen. (Schwer zu beschreiben) Denke Pinguin mit Fledermaus-Vampir-Charakter. Das würde passen.*
>
> *Als diese Biester mich erblickten, kamen sie auf mich zu. Mir fiel meine Taschenlampe ein und dass Blutsauger Angst vor Licht haben. Hier war mir auch für einen Bruchteil einer Sekunde klar, dass ich träume. Diese Klarheit reicht nur aus, um mir der Bedeutung der Taschenlampe bewusst zu werden. Ich schalte diese ein und konnte mir die Blutsauger von Leib halten.*
>
> *Dann erwachte ich.«*

**Offene Haltung** Fasziniert von einer so bunten Traumdarstellung, aber gleichzeitig – zugegebenermaßen – völlig ratlos, beginne ich also diese Traumarbeit. Am Beginn einer Traumarbeit ratlos zu sein ist zwar für die Therapeutin schwer zu ertragen, für die Traumarbeit aber häufig von Vorteil, da man als »Traumarbeiter« vorbehaltlos an die Arbeit herangeht und nicht mit vorgefassten Ideen einsteigt und diese womöglich dem Träumer aufzwingt – was übrigens häufig in der Therapieszene vorkommt.

Diese Offenheit und »Ratlosigkeit« des Therapeuten ist übrigens ein Zugang der therapeutischen Schule, der ich angehöre, der Gestalttherapie. Sie wird als Kunstform der Psychotherapie bezeichnet. Um dem Klienten und seiner Problemstellung möglichst gerecht zu werden, sollte die Therapeutin am Beginn der Arbeit möglichst »leer« sein. Vor ein paar Tagen habe ich einen Drehbuchautor davon erzählen hören, dass er nie weiß, wie sich sein Plot entwickeln wird, wenn er sich an den Schreibtisch setzt, und dass diese Leere für den Schreibprozess und das Resultat, die Story, die beste Voraussetzung sei. Ein Paradoxon, das Sinn macht – wie es scheint, für viele kreative und lebendige Betätigungen. Denn wie so oft ist es das Paradoxe, das Gegensätze miteinschließt – die Gratwanderung, die (hoffentlich) zum Ziel führt, möglich macht.

»Leere« als Voraussetzung

B.H.: Leo, schließ bitte die Augen, versuch dich zu entspannen, die Welt hier rundherum für den Augenblick zu vergessen, und erzähl doch bitte den Traum noch einmal in der Gegenwart, als ob er jetzt stattfindet – möglichst im Detail, sinnlich, als ob du, während du ihn jetzt so träumst, ihn auch gleichzeitig wie ein Detektiv auskundschaftest.

Wenn du dich jetzt so an den Traum erinnerst, welches Gefühl, welche Empfindung, welche Körperempfindung wird spürbar, jetzt in diesem Augenblick?

Gefühle und Empfindungen

L.: (geht einige Augenblicke in sich und sagt dann:) Ich spüre hier (knapp unterhalb des Brustbeins deutend mit einer kreisenden Handbewegung) so was wie ein leichtes Brennen oder mehr ein Kribbeln, das keines ist, das sich irgendwie nach hinten in den Rücken zieht – dorthin, wo die Schulterblätter angebracht sind. Das Gefühl ist irgendwie gleichzeitig Angst und eine Ahnung von Hoffnung auf Erlösung – ich bin genau dort, wo ich's jetzt spür, eigentlich immer verspannt.

B.H.: Und erinnerst du dich an das Gefühl, das du beim Aufwachen nach diesem Traum hattest?

L.: Hmmm – eigenartigerweise, ja – immerhin ist es eine Weile her, dass ich diesen Traum hatte. Ja, das Gefühl war, gerade noch eine große Gefahr gebannt zu haben – eine Beklemmung und vorläufige Bewältigung zugleich – mehr ein In-Schach-halten-Können, das mich gewissermaßen beruhigt.

Details
sind wichtig

B. H.: Versuch doch bitte jetzt mal, wie wir sagen, in den Traum einzusteigen – wie gesagt, möglichst sinnlich, möglichst bis ins kleinste Detail, und achte bitte darauf, ob, und wenn ja, was sich an Gefühlen und Empfindungen dabei ändert.

L.: (setzt sich noch einmal ganz aufrecht auf, schließt die Augen, und nach einigen Augenblicken beginnt er:) Ich gehe über diese alte, breite Brücke – sie ist ziemlich breit und hat so was wie riesiges Kopfsteinpflaster –, ich bemerke diese alten Gasleuchten am Rande dieser Brücke, rechts und links – obwohl es noch hell ist – es könnte dämmern, jedenfalls ist es neblig. Mein Gefühl ist eine Mischung aus Neugier, aber auch Schauer und Bedrohung. Irgendwie ist mir diese Brücke unheimlich. Es könnte die Karlsbrücke in Prag sein, allerdings verfallener, morbider, dreckiger.

Ich sehe rechts vorne einen ziemlich zerfallenen runden Turm – er steht nur noch zur Hälfte, der obere Teil ist runtergefallen bzw. nicht mehr da.

(Leo rutscht auf seinem Sessel hin und her.)

B. H.: Was geht in dir vor?

L.: Ich bemerke, dass ich mich gar nicht noch einmal auf diesen Traum einlassen mag – ich finde das extrem mühsam und mag es einfach nicht.

B. H.: Wo oder wie spürst du das körperlich?

L.: Mir ist flau im Magen und ich fühle eine bleierne Müdigkeit – muss ich wirklich weitermachen?

B. H.: Na ja, wenn du dem Traum und dem, was der Traum sagen möchte, auf die Spur kommen möchtest, schon – aber vielleicht möchtest du das lieber sein lassen – vielleicht ist es langweilig oder vielleicht empfindest du es als belastend.

L.: Ja, es ist, als ob ich schwer im Gesicht würde und einen unendlich zähen und sehr schweren Stein vor mir her schiebe. (Denkt nach.)

(Wer mit psychotherapeutischen Prozessen vertraut ist, weiß, dass es den berühmten Widerstand gibt – hier drückt er sich in Widerwillen, Müdigkeit und Schwere aus. Was für psychotherapeutische Prozesse gilt, gilt auch jedenfalls für diese Traumarbeit.)

B. H.: Das klingt ja wie eine Qual.

L.: Ja, aber etwas in mir sagt mir trotzdem, ich soll da durch.

B. H.: Sollen wir also weitermachen?

L.: O. k. – kurze Pause – ich sehe also diesen Turm rechts vorne – er wirkt beinahe mystisch, verwunschen – märchenhaft, als ob er ein Geheimnis birgt. Irgendetwas zieht mich schon auch hin. Ich gebe nach. Ich gehe durch eine Öffnung, die vermutlich früher eine Tür war, hinein.

B. H.: Was kannst du wahrnehmen?

L.: Ich sehe eine Treppe, die hinaufführt – sie füllt beinahe den ganzen Turm aus.

B. H.: Bitte achte auf Details.

L.: Ja, da ist ein Flackern – wie von einer Fackel – die Wände bestehen aus Steinen, die nicht gemauert sind, sondern aufeinandergelegt – inzwischen hat sich Erde in den Fugen eingenistet und da und dort sogar kleine Pflanzen wachsen lassen – es riecht modrig – alt. Trotzdem gehe ich Stufe für Stufe diese nach links gewundene Treppe hoch. (Kurze Pause)

Ich sehe ab und zu Steinauslassungen, vielleicht früher mal Ausgucke – was hier wohl alles passiert ist!

B. H.: Was fällt dir dazu ein – wie fühlst du dich?

L.: Eigenartigerweise irgendwie geschützt und geborgen, obwohl es verdammt kalt ist – nass-kalt – eine Kälte, die sich bis in die Knochen zieht.

B. H.: Kannst du etwas davon in deinem Körper empfinden?

L.: Es ist irgendwie, als ob rund um mich so was wie eine Höhle wäre, die Gefahren von draußen abhalten kann – das erzeugt die Ahnung von Geborgenheit – da ist das flaue Gefühl im Magen nicht mehr spürbar – wie ein großer, dicker Mantel, der rund um mich gelegt ist – Schultern und Magengrubengegend spüren sich wärmer an – irgendwie auch entlastet. Aber die Kälte zieht sich über meine Füße, an meinen Beinen hoch – wie eine perfide spürbar-unspürbare Macht langsam in meinen Körper hinein. Trotzdem ist es hier noch einigermaßen sicher.

B. H.: Was hast du für einen Impuls?

L.: Ich möchte hinauf – möchte sehen, was oben ist, obwohl der Turm wohl einfach aufhört und es wohl ziemlich gefährlich sein wird, auf diesen brüchigen, verfallenen Steintreppen weiter hoch zu laufen.

Hmmm – ja, jetzt laufe ich hoch. Es ist einfacher, als ich gedacht habe.

Oben angekommen, sehe ich einen weiten Fluss unten und einen Mann – in Schwarz gekleidet – ziemlich dünn – in Konturen – das bin ja ich! Ich sehe mich, wie ich von der Brücke eine Wendeltreppe, die viel kleiner ist, nach unten zum Wasser laufe – ziemlich schnell. Als ob ich dort unten etwas zu tun hätte! Ich halte etwas in der Hand.

Ich weiß nicht wie, aber plötzlich bin ich der Mann – diese Treppe ist nach rechts gewunden und aus schwarz-rostigem Metall. Erinnert mich irgendwie an Paris – ans Klischee Paris. Zwischen den einzelnen Eisenmaschen kann man durchsehen, und man sieht, dass die Dämmerung schon vorangeschritten ist und dass sich unten eine große Weite zeigt – das Wasser ist friedlich gefroren und mit einer leichten Schneedecke überzogen – und vor allem endlos weit – wie ein großer See – man sieht kaum das andere Ufer – gibt es überhaupt eines?

Unten angekommen, ist es vor allem weit und kalt – die Weite des zugefrorenen Wassers und die Weite des sich darüber wölbenden Himmels. Wieder habe ich zwei Gefühle, die einander eigentlich widersprechen – Beklemmung und Freiheit! Die Freiheit ist wie ein Freudensprung in meiner Herzgegend und die Beklemmung knapp darüber, als ob ich nicht atmen könnte oder dürfte …

Unter meinen Füßen ist weißer feiner Kies, gemischt mit Sand – weiter drüben sind runde Steine. Es ist eigentlich wunderschön hier – wie am Meer –, ich kann fast Meeresluft riechen. Da merke ich, dass ich etwas in der rechten Hand halte – etwas Unangenehmes, Glitschiges! Iiii, der alte Fisch! Da kommt dieser intensive Geruch her! Juk! Nur weg damit! Aus Jux und Ekel schieße ich ihn über den Teich, wie Kinder das mit flachen Steinen tun, aber mit aller mir zur Verfügung stehenden Wucht! Damit er vom Abprall auf dem Eis noch mehr beschleunigt wird, weiter von mir katapultiert wird – der Gestank von mir geht – er im Abyssus der Ewigkeit verschwindet – dieser Ekelbrocken! Nur weg damit!

Skeptisch-befreit finde ich mich oben auf der Brücke wieder. Ich laufe. Nähere mich endlich dem Ende der Brücke – hab's bald geschafft!

Ich merke, dass ich schon wieder etwas in meiner rechten Hand halte – diesmal ist es kein toter Fisch, es ist eine schwarze, längliche Taschenlampe! Es ist inzwischen schon ziemlich dunkel geworden! Zwar noch immer dämmrig. Da bewegt sich weiter vorne rechts etwas – wie eine bewegte Masse von etwas – ich erkenne – Fledermäuse, die am Boden dahinwackeln, ncin, cs sind – Pinguine – Pinguine mit Fledermauszähnen! Wie eine Pinguinkolonie – kann diese Viecher kaum beschreiben. Kommen mir vor wie Pinguine mit Fledermaus-Vampircharakter. Ja, das passt, glaube ich.

Aber wie mich diese Biester ausgespäht haben, kommen sie auf mich zu und – da fällt mir ein, dass ich ja eine Taschenlampe in der Hand halte und dass Blutsauger lichtscheu sind und Angst vor Licht haben! Da wird mir die Bedeutung der Taschenlampe plötzlich bewusst! Ich schalte sie ein, und tatsächlich kann ich mir diese Blutsauger damit vom Leib halten!

Dann bin ich aufgewacht!

B.H.: Weißt du noch, mit welchem Gefühl du aufgewacht bist?

Das erste Gefühl nach dem Aufwachen

L.: Ja, ich hatte Angst, aber Kraft des Lichtes die Bedrohung gerade noch unter Kontrolle gebracht.

B.H.: Kannst du Angst und auch Kontrolle irgendwie/irgendwo in deinem Körper spüren?

L.: Die Angst vor dieser Gefahr hatte mich voll erfasst – also, ich würde sagen, wenn ich ihr eine Körperregion, eine Empfindung zuordnen soll, dann wäre es das Zittern in Armen und Beinen. Die Kontrolle – wenn ich sie denke, spüre ich vor allem den rechten Arm und die rechte Hand, die die Taschenlampe gehalten haben. Ja, eine gewisse Stärke, wiederum ausgehend von der Brustregion über Schultern in den Arm und die Hand hinein.

B. H.: Gibt es Orte oder Szenen in der Abfolge des Traumes, die aus deiner Sicht etwas gemeinsam haben?

L.: Na ja, wenn ich so überlege – man könnte so etwas wie eine Steigerung vom Gefühl der Bedrohung oder des Etwas-los-werden-Wollens finden, wenn man so will. Turm – Flussufer – Pinguinvampire.

Die Suche nach einem »Titel«

B. H.: Kannst du dem, was sich in diesen drei Szenen ausdrückt, einen Titel geben – als ob du ein Drehbuchautor wärst und einen Titel für einen Kurzfilm suchst?

L.: Es war eine Art Steigerung des Gefühls von Bedrohung und der gleichzeitigen Abwendung desselben.

Schlüsselszene

B. H.: Gibt es so was wie eine Schlüsselszene in diesem Traum?

L.: Das Gefühl war wohl am heftigsten, als mich die Pinguinvampire entdeckt haben. Da steigen mir jetzt noch die Haare zu Berge, wie man so sagt.

B. H.: Sag mal, und jetzt folge ich einfach einer Idee, die mir durch dieses Bild und die Bedrohung, die du in Schach hältst, gekommen ist – ich kann mich natürlich auch täuschen – deshalb frag ich jetzt einfach mal: Hast du eine Blutkrankheit?

L.: (Wird blass – schweigt zunächst.) Ich wollte das hier eigentlich nicht sagen und bin jetzt etwas unter Druck … Es hat sich vor einigen Monaten herausgestellt, dass ich HIV-positiv bin.

B. H.: Wie's im Traum aussieht, gelingt es dir, die Bedrohung in Schach zu halten.

L.: Ja, zum Glück! Der Virus ist zwar da, aber die Erkrankung ist nicht ausgebrochen! Und ich tu, was ich kann, um gesund zu bleiben!

Die Traumarbeit ist mit einem Rollenspiel abgeschlossen worden, in dem sich Leo noch mal in die Rolle dessen, der die Bedrohung aufhalten kann, hineinversetzt und über seine Körperempfindungen seine Stärke – rein körperlich betrachtet – spürt und »ankert«.

Man hätte diese Arbeit natürlich auch ganz anders weiterführen können. Man hätte zum Beispiel jedem Aspekt des Traumes eine Stimme geben können, um die Komplexität des Traumes voll erfassen zu können*. Wie man sich vorstellen kann, ist das eine ziemlich zeitaufwendige Technik der Traumarbeit. Ich habe es vorgezogen, möglichst im Bild des Traumes, in der Wiedervorstellung (Wiedererinnerung) – möglichst bis ins kleinste Detail und möglichst sinnlich – zu bleiben, um über das Wiedererleben der Bildabfolge, möglichst ohne zu interpretieren, den Träumer zum Erkennen übers Wiedererleben zu führen. Da hilft natürlich die körperliche Empfindung enorm.

Weitere Möglichkeiten der Traumarbeit

Nicht jeder hat sich die Sensibilität erworben, geführt durch die eigenen Traumbilder, Körperempfindungen zu spüren. Wir sind üblicherweise nicht geschult darauf, auf unseren Körper zu achten. Es hilft natürlich, wenn man sich darum bemüht hat und auch die kleinsten Körperregungen spüren und verstehen kann, d. h. inneren Bildern und Gefühlen zuordnen kann.

Sie, liebe Leser, sehen an diesem Beispiel aus der Praxis, wie man sich einem Traum durch genaues Nachfragen und Nachspüren nähern kann und dadurch viele Details zutage fördert.

Diese Sensibilität kann man lernen und schulen. Die Schulung beginnt, indem man wiederum neugierig darauf wird und sich darum bemüht. Die Bemühung beginnt einfach damit, dass man auf diese (Körper-)Regungen zu achten beginnt und sie, wie übrigens die Träume selber auch, respektiert und ernst nimmt.

Sensibilität lässt sich lernen

Ich nenne das Träumen gerne: Gefühle in bewegten Bildern – Bildern, allerdings, die mit diesem Gefühls- und Assoziationskomplex zu tun haben, mit dieser ganz speziellen Gefühlseinheit, Hinweise zum Verständnis geben oder vielmehr wie Kurzfilme die Problematik prägnant wiedergeben. Wobei das Wort (Assoziations-)Komplex nicht ganz trifft, was ich meine. Konglomerat oder Constraint ist vielleicht die adäquatere Bezeichnung –

---

* Diese Art der Traumaufarbeitung entstammt der Gestalttherapie (eine therapeutische Schule, von Fritz Perls begründet, die unter Einflüssen von Gestalttheorie, Psychoanalyse, Stegreiftheater und Zen-Buddhismus . entstanden ist.)

C. G. Jung wäre vermutlich so weit gegangen, es Archetypus zu nennen, in der Gestalttherapie nennt man dieses Bedeutungsinhaltskonglomerat eine Gestalt – in meinem Wortschatz die prägnanteste Bezeichnung für das, was gemeint ist.

Träume als Gefühle in bewegten Bildern und Gefühle entstehen u. a. durch Empfindungen, reine Körperempfindungen, also körperliche Gegebenheiten. Das erklärt vielleicht am besten, warum ich den Traum oder das Träumen körperlich nenne.

In dem Traumbeispiel geht es um Leben und Tod – um die Bedrohung und die Abwendung der Bedrohung. Das sagen die Gefühle, die der Träumer sowohl während der Traumarbeit und auch während des Träumens als auch beim Erwachen von diesem Traum beschreibt. Als markanteste Bilder treten der Turm, der Fisch in den Vordergrund, allen voran aber die Pinguinvampire. Er nennt diese Viecher auch selber Blutsauger – so kam es zu meinem Einfall »Blutkrankheit«. Selbstverständlich kann ich so einen Einfall nie mit Gewissheit zuordnen, und um den Träumer nicht zu manipulieren, stelle ich einen Einfall wie diesen in Form einer Frage zur Verfügung – nicht mehr und nicht weniger. Schließlich ist es ja nicht die Aufgabe eines Therapeuten zu imponieren, sondern dem Träumer dabei zu helfen, seinen Traum durch das Wiedererleben des Traumszenarios eigene Erkenntnisse auszuforschen und zu heben – Unbewusstes bewusst zu machen, um damit umgehen zu können.

Aber, Leo hat ja gewusst, dass er infiziert ist – könnte man als Gegenargument bringen. Aber Leo wollte das im Rahmen des Workshops nicht outen, hat aber gerade diesen Traum erzählt und die Problematik des Traumes ist erkannt worden und er hat sich geoutet. Womöglich hat es Leo gutgetan, sich in dieser Runde zu outen – sicherlich hat er aber in der Gruppe und auch im Traum Unterstützung erfahren –, er hat den Traum erzählt, er hat seine Situation beleuchtet und sie für andere sichtbar gemacht, wenn man so will, und er konnte im Traum mit Licht die Pinguinvampire in Schach halten. Und vielleicht trägt all das ein kleines bisschen dazu bei, dass Leo es geschafft hat, bis heute gesund zu bleiben.

Selbstverständlich darf man nicht größenwahnsinnig werden und Traum und Trauminhalt als Allheilmethode mystifizieren – innerseelische Vorgänge wie Träume magisch missinterpretieren. Aber wir wissen, dass jene, die sich seelisch gut und gesund fühlen, auch bei schweren körperlichen Erkrankungen die besseren Überlebenschancen haben! Ein Traum kann einen Arzt niemals ersetzen, aber er kann ihn womöglich unterstützen!

Ein Traum kann nicht den Arzt ersetzen

Anhand dieses Traumes werfen sich viele Problemstellungen und Fragen auf, die die Beschäftigung mit Träumen mit sich bringt: Die wichtigste in diesem Zusammenhang ist wohl: Kann man über das Verhalten in Träumen Krankheiten wie AIDS, Krebs, Asthma oder anderes früh erkennen und vielleicht sogar beeinflussen?!

Zum Abschluss dieses Kapitels möchte ich Jeanette Schulz zu Wort kommen lassen, die nach einem längeren Krankenhausaufenthalt, gar nicht mehr wissend, wie es jetzt für sie weitergehen solle, folgenden Traum gehabt hat:

*»Ich schwebe in einem Universum. Das ist nicht aus Wasser, sondern aus einem luftartigen Etwas. In der Mitte ist eine ganz stark leuchtende Kugel. Rundherum sind lauter blaue Kugeln, die so vor sich hin atmen. Dann hab ich mir gedacht, wo bin ich denn hier? Dann hab ich mir gedacht, sind das in Wahrheit die Wesen, die die Menschen als Engel kennen? Hab da vor mich hin gerätselt. Da kam ein Wesen, das mir irgendwie nonverbal mitgeteilt hat, du kennst mich ja und kannst ruhig Vertrauen haben. Da kam das auf mich zu – ich hab erst gedacht, was ist das jetzt – Himmel, das ist ein Außerirdischer – Nein! Ich will hier weg. Dann ist das auf mich zugekommen, da konnte ich mich auch nicht mehr bewegen, sondern war in einer Starre und – dann ist das total in mich so eingedrungen und in mir aufgegangen. Jede Zelle hat so brrrrt – rrrrrrrrrrr gemacht – jede Zelle über den ganzen Körper. Ich bin dann so geschwebt, und plötzlich war das dann alles wieder weg und ich dachte, was war nun das denn?«*

**Auf die »Körpersprache« eines Traumes achten:**

Nehmen Sie sich für diese Übung ausreichend Zeit – ich schlage vor, etwa 20 Minuten. Das genaue Führen eines Traumtage-/-nächte-buches ist Voraussetzung auch für diesen Zugang zur Traumarbeit. Genauigkeit bei der Beschreibung der Bilder und Figuren und Liebe zum Detail beim Nachgehen der Traumbildabfolgen sind enorm wichtig, um zu heben, was der Traum birgt, und um später wieder »in den Traum einsteigen« zu können.

1) Nehmen Sie sich Zeit und beginnen Sie damit, dass Sie sich ent-spannt hinsetzen und Ihre Aufmerksamkeit nach innen rich-ten. Am besten funktioniert das, indem Sie sich zunächst auf Ihre Atmung konzentrieren und sich dabei auf »offene Ge-lassenheit« einstellen;

2) Verlieren Sie sich ein wenig in diesem Zustand;

3) … und lassen Sie dann, ganz gemächlich, den Traum wieder auftauchen;

4) Sie erforschen ihn jetzt wieder, Bild für Bild, Gefühl für Gefühl, Empfindung für Empfindung, Person für Person, so als ob Sie einen inneren Scanner hätten, der bei Wichtigem ausschlägt;

5) Wichtiges könnte eine bestimmte Person sein, ein Tier, eine Farbe, ein Gegenstand – urteilen Sie nicht, sondern versuchen Sie zu spüren oder zu empfinden, was Sie für wichtig in diesem Traumzusammenhang erleben;

6) Lassen Sie sich Zeit – und entscheiden Sie sich dann für eine oder zwei Traumfiguren – das können durchaus auch Land-schaftsbilder oder Objekte sein, bei denen Ihr Scanner-Seis-mograf angeschlagen hat;

7) Achten Sie darauf, dass Ihre Atmung tief und entspannt wei-terläuft;

8) Jetzt gilt es kühn zu sein, denn nachdem Sie sich eine von die-sen Traumgestalten ausgesucht haben, betrachten Sie sie bitte so detailreich wie möglich und achten dabei darauf, wer oder was, welche Situation, welche Konstellation, welche Bezie-hung oder Beziehungskonstellation Ihnen dabei einfällt.

9) Während Sie so Ihre innere Konzentration zwischen Traumgestalt und Ihren Einfällen dazu aufgespannt haben, gilt es jetzt in Ihren Körper hineinzufinden und nachzuspüren, ob sich irgendeine Körperregion besonders anspürt – besonders auf irgendeine Art – warm oder kalt, vibrierend, im Vordergrund, schmerzhaft, ziehend, aufregend und anregend, offen, warm, verhärtet, farbig … ein bisschen viel verlangt? Ich verspreche, wenn Sie sich so mit Ihrem Körperinnern zu beschäftigen beginnen, wird nicht nur Ihre Traumwelt greifbarer werden, sondern auch Ihr Körperbezug wachsen. Sich selber spüren und auf sich hören lernen – die sogenannte innere Stimme achten und beachten lernen ist sicherlich einer der wichtigsten und erlösendsten Schritte, wenn es um die Erkundung des eigenen Selbst oder eine wichtige Lebensveränderung geht.

10) Wenn Sie diese Körperregion oder Körperstelle gefunden haben, verweilen Sie dort mit Ihrer Aufmerksamkeit – Ihrer internen Awareness –, atmen tief und entspannt weiter und lassen Ihren Gedanken, Erinnerungen, Gefühlen, inneren Bildern und Körperempfindungen an dieser Stelle freien Lauf. Das kann ruhig eine Weile dauern; Ihre Körperempfindung wird deutlicher, ein Vibrieren, Zittern, Drehen, Empfindung von Wärme sind möglich … und

11) Ankern Sie diese Körperempfindung. Sie wissen, dass Sie diese, wenn Sie wieder hierher zurückkehren, spüren werden.

12) Orten Sie nun auf dieselbe Art die zweite Traumgestalt; ruhig mit Bildern, Gefühlen und Empfindungen …

13) Und jetzt versuchen Sie an beiden Stellen gleichzeitig diese Empfindungen zu erleben und achten dabei bitte darauf, was dann passiert.

Seien Sie nicht enttäuscht, wenn sich nicht gleich auf Anhieb tiefe Empfindungen erleben lassen. Ich verspreche Ihnen, dass Sie, je mehr Sie sich auf diese Übung einlassen können, dabei nicht nur mehr erleben werden, sondern auch mehr Zusammenhänge über Ihr Träumen deutlich werden. Bitte vergessen Sie nicht, sich nach dieser Übung wieder zu »wecken«!

*Den Traum im Traum als Traum erkennen*

Und nun kommen wir zu meinem Lieblings-Traumthema: dem luziden Träumen oder dem Klarträumen. Beide Begriffe meinen dasselbe, und ich verwende sie synonym: Es handelt sich um die Träume, in denen wir, während wir träumen, wissen, dass wir träumen, und wissen, dass wir im Traum uns entscheiden und frei handeln können. Wir erkennen also den Traum als Traum und können unsere Träume beeinflussen. Wir befinden uns wie in einem inneren Theater. Der Träumer steigt gewissermaßen in seinen Traum ein, er ist Autor, Regisseur, Schauspieler, Requisite, Kulisse und Filmproduzent in einem. Man befindet sich in der eigenen virtuellen Realität, die eben nicht virtuell, sondern traumhaft ist. Im Klartraum ist alles möglich, der Fantasie sind keine Grenzen gesetzt. Diese große Freiheit ist kaum vorstellbar.

Dem Klarträumer stehen viele Möglichkeiten offen:

- Er kann den Traumzustand erkennen und beobachten
- Er kann den Traum verändern
- Er kann den Traum stoppen
- Er kann den Traum auch bewusst weiterlaufen lassen, sich vom Traum überraschen lassen und – wie im Wachzustand – entscheiden, was er als Nächstes tun möchte
- …

Der deutsche Gestalttheoretiker Paul Tholey († 1998), einer meiner wichtigsten Lehrer, hat durch sein Reflektieren über Erkenntnisprozesse spontan klargeträumt, es dann ausgiebig erkundet und Methoden entwickelt, wie man das luzide Träumen lernen kann. Er nennt diesen Traumzustand »Klartraum«, denn dieser spezielle Zustand ist mit einer besonderen Klarheit verbunden, mit Helligkeit und Intensität. Das betrifft vor allem die Wahrnehmung im Traum. Stephen LaBerge, der amerikanische Pionier der Erforschung des luziden Träumens, hat sich der physiologischen Erforschung des luziden Traumes an der Stanford University gewidmet. Sein Buch »Lucid Dreaming« ist ein Bestseller geworden. Auf die Ideen beider Klarträumer will ich später noch zurückkommen.

Erwähnt sei hier auch, dass es im tibetischen Buddhismus eine Richtung gibt, die das luzide Träumen in der spirituellen Disziplin des Traum-Yoga praktiziert. Die ständige Übung im Klarträumen dient dem höheren Zweck, die Konzentrationsfähigkeit zu erwerben, die es braucht, um den Augenblick des eigenen Todes bewusst erleben zu können. Der Gedanke ist, die Handlungsfähigkeit bis zum letzten Moment zu erhalten, damit man beim Übergang ins Reich der Toten Geistern und Dämonen richtig begegnen kann. Es wird als Chance verstanden, die Kette der Reinkarnation zu durchbrechen. Mit welchen Geistern und Dämonen zu rechnen ist, findet der Übende im Totenbuch der Tibeter.

Was aber ist nun genau unter luzidem Träumen, Klarträumen oder Traum-Yoga zu verstehen? Paul Tholey ist den Fragen nachgegangen:

- Was erlebe ich im Klartraum?
- Wie kann ich das Klarträumen beschreiben?
- Wie kann ich das Klarträumen erklären und einordnen?
- Was kann das Klarträumen für mich bedeuten?

Ich gebe im Folgenden eine ausführlichere Beschreibung des Phänomens, wie Paul Tholey sie zusammengestellt hat (Tholey, 1980c, 1987):

1. Klarheit über den *Bewusstseinszustand*: man orientiert sich, wo man sich befindet, und erkennt: ich träume!
2. Klarheit über die eigene *Entscheidungsfreiheit*: darüber, dass man ebenso aktiv wie im Wachleben auch entscheiden kann, was man tut – also über volle Handlungsfreiheit verfügt;

Traum-Yoga

3. Klarheit des *Bewusstseins* im Gegensatz zum Trübungs-, Verwirrtheits- oder Dämmerzustand: man träumt nicht, dass man träumt zu träumen, sondern man hat klare Bewusstheit: Ich bin im Traum!

4. Klarheit über das *Wachleben*: darüber, wer man ist und was man sich eventuell für diesen Traum vorgenommen hat;

5. Klarheit der *Wahrnehmung*: Klarheit darüber, was man sieht, hört, riecht, schmeckt und fühlt – die sinnliche Wahrnehmung wird im Moment des Erkennens des Klartraumzustandes leuchtender, intensiver, als ob ein Grauschleier sich gehoben hätte, der Traum wird bunter – dieses Leuchten ist häufig mit großer Freude, beinahe Euphorie verbunden;

6. Klarheit über den *Sinn des Traumes*: man versteht, warum man diesen Traum träumt, oder versteht, wofür bestimmte Dinge stehen, wenn sie nicht für sich selber stehen. Man weiß z. B., der große Stein hier vor mir symbolisiert meinen Vater. Der Stein muss sich dabei nicht ändern, könnte sich aber auch in den Vater verwandeln;

7. Klarheit der *Erinnerung* an den Traum: man weiß, dass man sich an diesen Traum erinnern wird, man kann sich in diesem Zustand auch an Vergangenes erinnern und auch an andere Träume.

Luzides
Träumen
in vollem
Bewusstsein Ich bezeichne das luzide Träumen gerne als paradoxes Träumen. Der Träumer, die Träumerin ist im Traum erwacht. Das luzide Träumen bedeutet volles Bewusstsein, also sekundärprozesshaftes Bewusstsein (die Fähigkeit zu denken, sich zu orientieren usw.) in der Welt des primärprozesshaften Daseins (dem Traumzustand an sich). Diese verschiedenen Bewusstseinszustände liegen auf einem Kontinuum, auf den Stufen der Klärung. Es beginnt auf der einen Seite mit dem Sich-nicht-einmal-Erinnern an den Traum und endet auf der anderen Seite mit voller Bewusstheit im Traum. Dazwischen gibt es allerlei Zwischenzustände, wie z. B. Schachtelträume, in denen man weiß, dass man träumt, dass man träumt, dass man träumt; der Traum wird als solcher erkannt, aber die Entscheidungsfreiheit fehlt – oder auch anders-

herum: Entscheidungsfreiheit im Traum zu haben, aber den Traum als solchen nicht erkannt zu haben. Diese Zwischenzustände nennt Stephen LaBerge *präluzide* oder *vorluzide* Träume. Er sieht auch außerkörperliche Erlebnisse im Traum (Astralreisen) präluzid (LaBerge, 1985).

Entscheidungs-freiheit im Traum

Über Zusammenhänge zwischen physiologischen Vorgängen und luzidem Träumen haben wir leider erst einige wenige Studien. Der Klartraumzustand ist, nach LaBerge, ein aktivierterer als der Traumzustand an sich (Gackenbach & LaBerge, 1988). Hirnphysiologisch hat sich nach meiner Studie (Holzinger, 2006 b), die ich mithilfe von LaBerge an der Stanford University habe machen können, ergeben, dass das Sprachzentrum, das auch mit anderen Bewusstseinsleistungen verbunden ist, das sein dürfte, das mit dem Zustand des luziden Träumens korrespondiert (Parietalbereich links). Man kann sich das damit erklären, dass Erkennen, Orientieren, all diese Charakteristika, die Paul zusammengestellt hat, mit Denken gekoppelt sind, also mit Kognition im Schlaf, und Denken braucht Sprache, um sich manifestieren zu können. Sonst ist mir keine systematische Studie bekannt, die sich diesem Thema mit einer repräsentativen

---

### Pioniere des luziden Traums | Info

Der Begriff »lucid dream« geht auf Frederik Willems van Eeden, einen niederländischen Psychiater und Dichter, zurück. Im Rahmen eines Treffens der »Society for Psychical Research« im April 1913 hat er über 352 von ihm aufgezeichnete Klarträume berichtet. In mehreren Briefen hatte er sich mit seinen Beobachtungen an Sigmund Freud gewandt, der ihn allerdings nie einer Antwort würdigte. Das ist umso erstaunlicher, als Freud in seiner »Traumdeutung« an drei Stellen ganz klar präluzide Träume beschreibt.

Der erste Klarträumer, den wir in der Geschichte kennen, war übrigens Aristoteles, aber auch der hl. Augustinus und Thomas von Aquin haben uns über ihre luziden Träume Nachrichten hinterlassen. Literarischen Niederschlag fand der Klartraum bei Friedrich Nietzsche, Charles Dickens oder in Thomas Manns Roman »Der Zauberberg«, wenn Hans Castrop in die Mysterien des Lebens eingeführt wird. Viele weitere Beispiele ließen sich hier anschließen.

Mehr zu diesem Thema finden Sie in »Der luzide Traum« (Holzinger, 1997).

Versuchspersonenanzahl gewidmet hätte. Wir alle – alle, die sich fürs Klarträumen interessieren – warten gespannt auf die Studie, die mittels sogenannter bildgebender Verfahren dieses Geheimnis lüften wird! Heute wäre es technisch gesehen möglich!

Warum sollte ich mich um dieses luzide Träumen bemühen?, fragen Sie sich jetzt vielleicht. Die Antwort ist, Sie müssen es nicht, aber wenn es Sie interessiert, möchte ich diese Frage anhand von mehreren Beispielen beantworten, denn was Ihnen das Klarträumen bringen kann, hängt davon ab, was Ihnen wichtig ist.

Was Klarträumen bringen kann

Anlässlich eines Vortrages lernte ich einen Ingenieur kennen, der, nachdem er vom luziden Träumen gehört hatte, mir sehr glücklich erzählte, dass er froh sei, dass dieses Phänomen einen Namen habe. Er hatte das luzide Träumen nie geübt oder bewusst kultiviert, er konnte es einfach. So manches Mal habe er sich gefragt, ob er ganz normal sei. Schon seit seiner Kindheit löse er mittels des Klartraumes technische Probleme. In seiner Kindheit und Jugend waren es selbst gestellte Aufgaben gewesen, heute sind es die Anforderungen, die mit seinem Beruf als Ingenieur einhergingen. Im Wachzustand müsse er die gefundene Lösung nur noch umsetzen.

Probleme lösen

Problemlösefähigkeiten mittels Klartraum anderer Art erlebte ich bei einer Workshopteilnehmerin. Sie war eine begabte Klarträumerin und beherrschte das luzide Träumen, kurz nachdem ich es der Gruppe erklärt hatte, und experimentierte recht exzessiv damit. Sie war eine sehr zuverlässige, etwas schüchterne junge Frau. Etwa ein Jahr nach dem Workshop begegnete ich ihr zufällig wieder. Mir fiel auf, dass sie pfiffiger als früher gekleidet und frisiert war. Meine Frage, ob sie noch klarträume, verneinte sie. Das luzide Träumen habe jedoch ihr Leben gründlich verändert. Sie habe erkannt, dass sie im Klartraum zu Entscheidungen fähig sei, und hat damit begriffen, dass sie auch in ihrem Wachleben Entscheidungen treffen kann. Seither entscheide sie im Leben, was für sie gut und was schlecht sei. In ihrem Fall hatte die neu gefundene Entscheidungsfreiheit zur Lösung ihrer Ehe geführt, die sie nur eingeschränkt und kleingehalten hatte.

Mit einem ganz konkreten Wunsch kam ein Wing-Tsun-Lehrer, Lehrer einer asiatischen Kampfsportart, zu mir, um luzides Träumen zu erlernen. Er hatte schon verstanden, dass er im Klartraum bestimmte Bewegungsabläufe seines sehr präzisen Kampfsports »einüben« kann. Später berichtete er mir, dass seine Erwartungen eingetroffen seien. Er hatte regelmäßig vor dem Einschlafen eine halbe Stunde meditiert, indem er sich bestimmte Bewegungsabläufe genau vorstellte. Das hat er mit Musik »gekoppelt«. Diese Musik ließ er im Schlaf weiterlaufen. Dadurch ist es ihm gelungen, häufiger luzid zu träumen. In diesen luziden Träumen konnte er ganz bewusst Bewegungsabläufe durchspielen, dabei bessere Möglichkeiten entdecken oder schlicht die Bewegung vertiefen.

Bewegungsabläufe vertieft üben

Der bereits mehrfach zitierte Paul Tholey war auch Sportwissenschaftler und hat im Selbstversuch viel über Bewegungsabläufe im Klartraum erkundet und dies auch beschrieben. Sein Fazit unterstützt die Erfahrungen des Wing-Tsun-Lehrers vollständig: Im Klartraum verbessert sich die Qualität des Übens von Bewegungsabläufen enorm, vor allem ist das Raum-Lage-Gefühl geschärft und mögliche Verbesserungen werden »luzider« erfasst. Der Forscher Daniel Erlacher, der eine große Studie über luzides Träumen und Sport durchgeführt hat, fasst seine Ergebnisse so zusammen: »In den effektorientierten Studien wird nachgewiesen, dass das gezielte Üben einer motorischen Fertigkeit im luziden Traum möglich ist. Darüber hinaus bieten die Studien erste Hinweise darauf, dass das Training im luziden Traum zu motorischen Lerneffekten führt. In den anwendungsbezogenen Studien wird gezeigt, dass das luzide Träumen bereits von Sporttreibenden zur Leistungsverbesserung eingesetzt wird.« (Erlacher, 2005)

Klarträume können aber auch einfach helfen, die Dämonen der Nacht zu besiegen. Die österreichische Filmemacherin Andrea Maria Dusl erzählte mir folgenden Traum und ihre Eindrücke dazu:

Klarträumen und Albtraumbewältigung

»Ich hab eine Bühne gesehen, einen roten Vorhang, sehr depressiv, einen dunkelroten Samtvorhang, eine Art böses Kasperltheater. Ich warte und es passiert nix. Ich hab im Traum eine sehr, sehr depressive Grundstimmung gehabt – war niedergeschlagen. Ich bin also vor diesem verschlossenen Vorhang gesessen und hab gewartet, wusste aber nicht worauf. Es war alles ohne Form, die gleiche Farbe, düster. Dieser Vorhang öffnet sich, aber nur einen Spalt, einen kleinen Spalt, und ich seh: hinter dem Vorhang verbirgt sich jemand. Jemand, wie der Teufel, aber kein christlicher Teufel, der Teufel nicht im theologischen Sinn, sondern der Teufel im Sinne von Böse – der will mir Böses! Da denk ich mir: Moment – ich hab ja ein Instrument zur Hand! Ich frage dieses Ding, das sich auch nicht zeigen will, sondern diesen Spalt nur ein bisschen aufgemacht hat: Wer bist DU?

Da hat sich dieses Etwas gezeigt, kam hervor und kam mir vor wie so ein theatralisches Teuferl, wie beim Kasperltheater, ein Springinkerl, ein Kobold – gar nicht mehr so groß und dunkel und böse, sondern kleiner, wie ein Koboldäffchen. Und es hat hinter diesem Vorhang wahnsinnig geschrien und getobt. Was für eine Frechheit das sei, dass ich diese Frage stelle!

Ich sag, Moment, das ist doch keine Frechheit, sondern ich will das jetzt wissen. Ich will das jetzt wissen und ich hab doch keine Angst vor so einem wütenden Kobold – wie in diesem Märchen von – wie heißt denn dieses Springinkerl da – Rumpelstilzchen. Es hat so was Rumpelstilzchenartiges gehabt. Und je mehr ich gefragt hab, ›wer bist du‹, desto mehr hat sich dieses Teuferl geärgert und sich empört, dass ich so was frag, ist dabei aber auch immer lächerlicher geworden.

Ich hab mir dann gedacht, das gibt's doch nicht, wie kann dieses lächerliche, dieser Trottelkobold sich so aufpudeln und mir andererseits so viel Angst gemacht haben?

Und jetzt frag ich weiter, weil das offenbar gut funktioniert: ›Wer bist du?‹ Und er hat sich weiter aufgepudelt, und *auf einmal ist er vor lauter Wut zersprungen. Dieser Teufel ist zersprungen, dieser Kobold – wie so ein Luftballon in sich selber zerplatzt, und dabei – eigentlich schon während des ganzen Zornvorgangs – ist dieser Vorhang immer weiter aufgegangen.*

*Es war nix auf der Bühne außer ihm. Es hat sich durch dieses Zerplatzen in einen Plastikbecher verwandelt, so einen, wie man ihn auf einem Kirtag kriegt oder auf einer Party, wo man keine Gläser bekommt, sondern nur einen dieser weißen Becher. Und in diesem Becher – der ist schräg in der Luft geschwebt – war ein Erzeugnis, das dieser zerspringende Kobold von sich selber gemacht hat – sozusagen die Explosionsnarbe. Das war Sodawasser. Diese Art Sodawasser, das so wahnsinnig stark sticht, das so sprudelt. Ich hab mir gedacht: das gibt's doch nicht – wie kann das sich zu so was Lächerlichem verwandeln? Das Lächerlichste, das man sich überhaupt vorstellen kann, das Unwichtigste, das Billigste: ein Plastikbecher mit Sodawasser! Farblos, geschmacklos, unangenehm! Und dabei ist das meine Depression, die schon ein bisschen von Lächerlichkeit geprüft war! Und ich denk mir, das gibt's doch nicht, wie kann ein Kobold oder diese Angst sich in so was Lächerliches verwandeln! Vielleicht ist da noch was!*

*Und dann hab ich diesen Sodawasserbecher, der ja jetzt nicht einmal mehr sprechen konnte, sondern nur so in der Luft geschwebt ist, weiter befragt. Ich hab mir gedacht, vielleicht kann man einen Gegenstand auch befragen – wäre ja möglich. Da hab ich diesen Sodawasserbecher, diesen Plastikbecher, gefragt: wer bist du? Der hat sich lang bitten lassen. Aber irgendwann, nach mehreren Fragen, ist dann dieser Sodawasserbecher auch verschwunden, weniger spektakulär. Kurz bevor er weg war, hat er einfach gesagt:*

*›Ich bin's, die Überlegung!‹*

*Und dann denk ich mir, was ist denn das jetzt? Wie kann das jetzt zuerst der Teufel, dann was Fades, Unwichtiges werden und dieses Unwichtige wird dann zu einem abstrak-*

*ten Begriff, der dann nicht einmal mehr ein Bild hat! Und dann war ich in einem abstrakten Raum – der Vorhang schon weg – da war nur noch leerer Raum, in dem dieser Gedanke stand – ein abstrakter Gedanke: die Überlegung! Nicht einmal mit Buchstaben, sondern nur als Begriff, abstrakt. Und dann hab ich diesen Begriff gefragt: was bedeutet das? Dann hat er sich auch noch erklärt und gesagt: Dein Dämon ist bei dir! Du überlegst zu viel! Die Überlegung ist dein Dämon.*

*In dem Moment, in dem mir klar war, dass die Überlegung mein Dämon ist, ist dieses ganze depressive Theater plötzlich sonnenfreundlich geworden, hell – als ob ich eine Glückspille eingeworfen hätte. In diesem Traum ist plötzlich die depressive Grundstimmung völlig verschwunden – als ob die Sonne aufginge im Herzen. Das war wie ein Flash. Der Traum ist weitergegangen als ein glücklicher, wohliger Traum.*

*Ich habe begriffen, dass die Depression verscheucht werden kann. Ich kann sie verscheuchen, indem ich sage: ›Geh weg! Schleich dich!‹ Das ist geblieben, diese Erkenntnis – wie ein Segen, ein Zaubermittel. Weil ich das einmal geschafft hab, kann ich das wieder anwenden. Und ich hab's auch schon ein paar Mal gebraucht! Auch in nicht schlafenden Situationen. Ich merk, es kriecht in mich hinein, das Dunkle, und will mich hinunterziehen und umhüllt mich und drückt, dann kann ich mich daran erinnern, dass man das fortscheuchen kann und dass das funktioniert. ...*

*Ich bin zwar nicht religiös, aber wenn man so will, ist das ein Erweckungserlebnis, ein nicht religiöses Erweckungserlebnis gewesen, das im Inneren stattfand. In diesem Fall hat's mit der Seele zu tun gehabt. Das war, wenn du so willst, ein realer Dämon.«*

**Luzides Träumen ist erlernbar**

Das luzide Träumen lässt sich lernen, sollten Sie sich dafür interessieren. Nicht jeder kann es sofort. Konsequenz und Durchhaltevermögen helfen. Wie es scheint, erleben Kinder und Menschen, die häufig meditieren, luzides Träumen ganz spontan und wie von selbst. Im Folgenden möchte ich Ihnen Vorschläge, wie Sie zum Klarträumen kommen können, von Tholey und LaBerge vorstellen und dann noch einige Möglichkeiten, die ich selber entwickelt habe und anwende:

Stephen LaBerge und Paul Tholey haben ähnliche Schlüssel durch Eigen- und Fremdversuche gefunden, um das Tor, das uns in unsere Träume führt, aufsperren zu können. Sie unterschieden zwischen bewusstseinserhaltenden oder »wake initiated lucid dreams« – WILD-Techniken, die man beim Einschlafen anwendet, und bewusstseinsgewinnenden oder »dream initiated lucid dreams« – DILD-Techniken, die Bewusstheit im Traum hervorrufen sollen.

Verschiedene Lern-Methoden

Bei WILD wird versucht, das »Bewusstsein« beim Einschlafen aufrechtzuerhalten. Diese Technik haben schon die Tibeter angewendet: Sie visualisieren beim Einschlafen ein tibetisches »A« in Kehle oder Herz mit der Intention, diese Visualisation in den Schlafzustand hinüberzunehmen.

Tholey nennt diese Vorgangsweise »bewusstseins-erhaltende Technik« (1980).

Tholeys »bewusstseins-gewinnende Technik«, von ihm als »Reflexionstechnik« (1983) bezeichnet, würde LaBerge (1985) vermutlich unter die DILD-Methoden einordnen: Man stelle sich tagsüber im Wachzustand des Öfteren ernsthaft die Frage, ob man sich im Traum- oder Wachzustand befindet, besonders beim Wahrnehmen von Objekten, die einem auch im Traum häufiger begegnen – bis sich eines Nachts diese Frage auch im Traumzustand stellt. Ich selbst füge, wenn es die Umgebung erlaubt, zur Überprüfung des Zustands »Reality-Checks« an. Diese Realitätsüberprüfungen sind von Paul Tholey und LaBerge genauer beschrieben worden.

Kurz gesagt handelt es sich um Gegebenheiten der Bedingungen im REM-Schlaf. Unser Gravitationssinn muss sich nicht in der äußeren Welt orientieren und kann so Kapriolen schlagen. Im Traum können wir ja auch fliegen, fallen, lockere Salti schlagen und Ähnliches mehr. Diese Reality-Checks hängen mit unserem im REM-Schlaf nicht gebrauchten Gravitationssinn zusammen:

1) Hochspringen – man schwebt, gleitet weg oder landet langsamer, als man das im Wachzustand tun würde;
2) Sich um die eigene Achse drehen – im Traumzustand dreht man sich weiter, oder die Traumumgebung dreht sich im entgegengesetzten Sinn;
3) Wörter lesen – im Traum etwas suchen, das man lesen kann. Im Traum kreiert man, was man erwartet. Machen Sie sich also keine Sorgen – Sie werden etwas finden! Es sollen mindestens drei Worte sein, denn sonst könnte man diese Worte als Bild wahrnehmen und nicht als zu Lesendes. Wenn Sie es also lesen müssen, können Sie ein zweites Mal nicht mehr genau dasselbe lesen – die Buchstaben zerfallen, verschwimmen oder sind schlicht nicht mehr da. Das kann das Gehirn nicht – diese Wörter noch mal genauso wie vorher herzustellen.

Ähnlich funktioniert auch die von LaBerge entwickelte Augenmaske. Er nennt sie »Lucid Dream Induction Device«. Nach dem Beginn der REM-Periode gibt sie Lichtblitze ab, wodurch der Träumer darauf aufmerksam gemacht wird, dass er träumt. Ich empfehle, wenn überhaupt, die originale Augenmaske von LaBerge. Im Internet schwirren einige Plagiate davon rum. LaBerge hat sehr lange getüftelt, bis er geeignete Einstellungen gefunden hatte. Eigentlich braucht man diese Maske aber nicht unbedingt, um das Klarträumen zu lernen. Viele empfinden sie als sehr unangenehm und störend.

Eine Methode, die sowohl bewusstseins-erhaltende als auch bewusstseins-gewinnende Ausprägungen haben kann, ist die von LaBerge entwickelte »MILD«-Technik (Mnemonic Induction of Lucid Dreams). Sie wird nach dem Erwachen aus einem Traum angewandt. Der Traum wird in seinen Phasen knapp vor dem Erwachen noch einmal »durchdacht« bzw. imaginiert, während man sich bei diesem abermaligen Erleben des Traums vorstellt, luzide zu werden. Diese Idee verbinde ich dabei mit folgender (Auto-)Suggestion:

»Nächstes Mal, wenn ich träume, möchte ich mich daran erinnern, dass ich träume.«

Noch eine Empfehlung, die allerdings nur für robuste Schläfer geeignet ist: Stellen Sie sich Ihren Wecker vier oder fünf Stunden nach dem geplanten Einschlafen. Bleiben Sie etwa eine halbe Stunde wach und versuchen Sie dann wieder einzuschlafen mit dem Gedanken: Das nächste Mal, wenn ich träume, weiß ich, dass ich träume – Erweiterung der bewusstseins-erhaltenden Technik.

Nach meiner Erfahrung gibt es noch eine weitere Möglichkeit, Luzidität zu erreichen: Versuchen Sie häufiger und intensiver die Umgebung wahrzunehmen, wo Sie sind, damit Sie in der Folge dann auch die Traumumgebung mehr zu beachten beginnen. Probieren Sie ganz bewusst zu sehen, zu hören mit der Erwartung, den Traum als Traum zu erkennen.

Und noch mehr Tipps…

Zum Erlernen des luziden Träumens ist es zunächst erforderlich, dass man den Zugang zur eigenen Traumwelt stärkt, also beginnt, Träume aufzuschreiben. Des Weiteren habe ich selbst eine Entspannungs-Meditations-CD zusammengestellt, die beim Erlernen des luziden Träumens sehr gut unterstützt (beziehbar über unsere Webseite www.traum.ac.at). Diese beiden Bedingungen sind Pflicht, wenn man das Klarträumen erlernen will. Optional ist, z. B. Literatur über das luzide Träumen zu lesen, etwa »Schöpferisch Träumen« von Paul Tholey. Optional ist auch die Autosuggestion: »Das nächste Mal, wenn ich träume, weiß ich, dass ich träume.« Optional ist auch, sich ernsthaft zu überlegen, an welchen Traumstellen eines früheren Traumes man hätte erkennen können, dass man träumt …

Diese verschiedenen Techniken beschreibe ich als Möglichkeiten, von denen jeder selber aussucht, was ihn oder sie anspricht. An sich aber plädiere ich dafür, das luzide Träumen unter Anleitung zu lernen, da individuell gerne Fallen auftreten, die mit einer versierten Person besprochen werden müssen. So tendieren z. B. manche dazu, das luzide Träumen, einmal gelernt, es weidlich auszubeuten, indem man wilde und z. T. selbstschädigende Experimente macht, wie Gliedmaßen abhacken oder sich im Traum zu verbrennen. Meine Meinung ist, dass in so einem Fall eine kompetente psychotherapeutische Begleitung unverzichtbar ist.

Wir haben es beim luziden Träumen mit einem hoch potenten Seinszustand zu tun, der sehr unterstützend, aber womöglich auch zerstörend sein kann, und immerhin bewegen wir uns in unserer eigenen Traumlandschaft und damit vermutlich auch in unserer eigenen Seelenlandschaft! ... denn sie wissen nicht, was sie tun! Vorsicht und Respekt sind also oberstes Gebot!

Stolpersteine auf dem Weg zum Klarträumen Mir scheint, dass auf dem Weg zum luziden Träumen die sehr individuellen Stolpersteine der eigenen Persönlichkeit deutlich werden. Sie können aber auch im Klartraum bearbeitet und bewältigt werden. Als ob man eine Reise in das Innerste – nicht der Erde –, sondern des eigenen Selbst macht und dabei an äußeren Schichten, an den für einen selber charakteristischen Fallgruben vorbeikommt. Was meine ich damit?

Manche strengen sich zu sehr an, wollen etwas zu heftig und nehmen sich damit selbst die Möglichkeit der inneren Weitung.

Manche können die Selbstdisziplin, die das Lernen des Klarträumens erfordert, einfach nicht aufbringen und scheitern daran, dass sie nicht durchhalten können;

Andere nehmen das Klarträumen viel zu ernst – Castaneda hat uns ja auch in seinen Büchern suggeriert, dass man ein Zauberer wäre, wenn man klarträumen könnte. Derlei narzisstoide Selbsterhöhung ist mit Sicherheit kontraindiziert und hemmt die eigentliche Entwicklung. Wer den Blick nur auf sich selbst und die Entwicklung der eigenen spirituellen Welt richtet, ist in Gefahr, das Leben dabei zu verpassen. Luzides wie auch anderes Träumen dient dem Leben und nicht umgekehrt!

Die Möglichkeiten, sich selbst zu behindern, sind sicherlich grenzenlos! Deshalb versuche ich einige Einstellungen oder Haltungen zu beschreiben, von denen ich glaube, dass sie beim Erlernen des luziden Träumens hilfreich sind:

Nützliche Haltungen und Einstellungen 1) Engagieren Sie sich beim Erlernen und üben Sie mit Disziplin, aber nicht mit »Gewalt«, erzwingen Sie nichts – »Don't push the river ...«;

2) Lesen Sie über die verschiedenen Möglichkeiten, das Klarträumen zu erlernen, um dann diejenigen auszusuchen (max. 3), die Sie besonders ansprechen;

3) Vergessen Sie die Suche nach dem äußeren Guru und vertrauen Sie auf Ihre eigene innere Stimme;

4) Gehen Sie Schritt für Schritt vor;

5) Denken Sie über vorgegebene Grenzen hinaus;

6) Lernen Sie, an sich selbst zu glauben;

7) Sprechen Sie mit Klarträumern, denn nicht nur das Erfahrene überträgt sich, sondern in gewisser Weise auch die Erfahrung;

8) Finden Sie heraus, warum Sie das Klarträumen erlernen möchten und wofür Sie es einsetzen wollen, denn die Bewusstheit im Traum ist mächtig, und wenn sie nicht gerichtet wird, kann sie sich gegen einen selber wenden;

9) Seien Sie neugierig auf das, was Sie träumen werden;

10) Erlauben Sie sich die Freude, auf dem Weg zum luziden Träumen zu sein.

Genauso wie es beim Erlernen einige Prinzipien gibt, sollten auch beim Träumen selbst einige Regeln beachtet werden:

1) Hüte dich davor, zu viel auf einmal zu wollen;

2) Gehe respektvoll mit dir, deinen Träumen und deinen Traumfiguren um;

3) Vermeide gewaltvolles Verhalten;

4) Suche den Dialog, die Versöhnung oder einfach nur den Kontakt mit den Traumfiguren;

5) Gehe vorbehaltlos und mit offenen Augen durch deine Traumwelt;

6) Entwickle einen Plan – eine Intention;

7) Nimm deinen Mut zusammen und betrachte den Bedroher;

8) Wisse, dass du dich durch Anhalten deines Blicks wecken und damit aus einer bedrohlichen Situation retten kannst;

9) Freue dich über Gelungenes;

10) Sei bereit, deine Ängste zu erkennen, zu bändigen und womöglich aufzugeben.

… um einige wichtige zu nennen!

Das luzide Träumen ist ein wirklich wunderbarer Zustand, voll Freude, und kann ekstatisch sein – ein so genanntes Peak-Erlebnis, ganz im »Flow«! Ich plädiere dafür, dass man spielerisch damit umgeht, sich nicht hineinsteigert und sich womöglich in diesen eigenen inneren Welten verliert.

Niemand muss das Klarträumen erlernen – man wird dadurch kein »besserer Mensch«, jedoch einmal erlernt, ist es eine unglaubliche Bereicherung und Ressource – aber – kein Ersatz! Mit dem Klarträumen spielerisch umzugehen, es nicht unter-, aber auch nicht überzubewerten und damit nicht zu übertreiben, zu wissen, wofür man es einsetzen möchte, sind die Schlüssel, mit denen wir uns unsere Träume eröffnen können.

| Übung | Das nächste Mal, wenn ich träume, weiß ich, dass ich träume ... |

Diese Übung empfehle ich vor dem Einschlafen zu pflegen oder wenn man aufgewacht ist und dann wieder einschläft.

- Sie liegen in Ihrem Bett und achten auf Ihren Atem, wie er regelmäßig, tief und ruhig aus- und einströmt und Ihren Körper mit Lebensenergie versorgt.
- Dabei fragen Sie sich: Wer atmet?
- Und halten, wenn Sie können gleichzeitig, den Gedanken: Das nächste Mal, wenn ich träume, weiß ich, dass ich träume.
- Sie zirkulieren mit Ihrer inneren Aufmerksamkeit durch Ihren Körper, spüren, wie jede einzelne Zelle belebt und mit Lebensenergie versorgt wird, und zoomen sich auf einen Punkt unter Ihrem Nabel. Es ist, als ob Ihr Atem dorthin strömt und von dort wieder wegströmt.
- Es ist, als ob Sie auf Ihren Atemzügen gleiten wie ein Surfer auf den Wellen, dahingleiten in den Zustand des Schlafs und den Zustand des Träumens mit dem Gedanken: Das nächste Mal, wenn ich träume, weiß ich, dass ich träume.
- Sie hören womöglich das Glucksen Ihrer Eingeweide, Ihres Bauchs und denken dabei: Das nächste Mal, wenn ich träume, weiß ich, dass ich träume ...

# Wie man Albträume bändigen und bewältigen kann

In diesem Buch muss ich Ihnen unbedingt unsere neuesten Träumereien vorstellen. Wir – die Mitarbeiter des Instituts für Bewusstseins- und Traumforschung – haben uns in den letzten Jahren den Dingen zugewandt, die man mit dem oder durch das luzide/n Träumen erreichen kann. Als Psychotherapeutin interessiert mich selber vorrangig das therapeutische Potenzial, das das Klarträumen birgt. Die Bewältigung von Albträumen schien uns ein deutlicher Weg, um belegen zu können, dass und vor allem welches Potenzial im luziden Träumen steckt. Wenn man zeigen kann, dass sich durch das luzide Träumen Albträume verändern lassen, damit sie nicht mehr vorkommen müssen oder sich vielleicht sogar in angenehme Träume verwandeln, ist das therapeutische Potenzial des luziden Träumens belegt.

Früher wäre niemand auf die Idee gekommen, dass Albträume behandlungswürdig und sogar behandelbar sein könnten. Ähnlich wie das Nicht-schlafen-Können gehört der Alb in das dunkle Reich der Nacht, wird damit nur zum Teil wahrgenommen und gewissermaßen weggeschoben.

Wenden wir uns zunächst den Fakten zu: Was versteht man eigentlich unter einem Albtraum?

Es ist gar nicht so einfach, einen Albtraum von anderen Träumen, besonders von »schlechten Träumen«, zu unterscheiden. Es gibt Menschen, die behaupten, nur schlecht zu träumen und sich an gute Träume gar nicht erinnern zu können. Nach Untersuchungen von Allan Hobson sind statistisch gesehen etwa $2/3$ der Träume »schlechte« Träume und $1/3$ der Träume gute bzw. sogar glückliche.

Ein Albtraum hebt sich von anderen Träumen in erster Linie dadurch ab, dass furchtbare, erregende, bedrohliche, aggressive, traurige oder verzweifelte Gefühle im Traum die Ursache sind, warum man aufwacht. Nach dem Aufwachen ist eine körperliche Reaktion davon geblieben, z. B. Herzklopfen, Schwitzen, schweres Atmen oder Ähnliches.

Medizinisch gesehen werden Albträume der Gruppe der Parasomnien zugeordnet (ICSD: International Classification of Sleep Disorders: ASDA, 1990) und als »Traumerleben voller Angst und Furcht definiert, das überwiegend in der zweiten Nachthälfte während einer langen REM-Phase auftritt. Begleitet wird das Traumerleben von einem leichten vegetativen Arousal (Erregtheit), einer Steigerung oder Schwankung der Herz- und Atemfrequenz, das so weit geht, dass es zum Erwachen des Träumers führt. Die betroffenen Personen sind nach dem Erwachen rasch munter und orientiert und nehmen die Umgebung klar wahr. Sie sind in der Lage, einen detaillierten Bericht des furchterregenden Traumes zu geben, der zumeist eine massive Bedrohung des Lebens, der Sicherheit oder des Selbstwertes beinhaltet« (Internationale Klassifikation Psychischer Störungen – ICD-10). Zu den Parasomnien gehören übrigens noch Phänomene wie Schlafwandeln, Zähneknirschen, Schlafparalyse (Schlaflähmung) und Ähnliches mehr.

Der Albtraum ist diagnostisch abzugrenzen von dem weniger häufigen *Pavor nocturnus* (auch »Nightterror«, Nachtangst oder Inkubus), der gewöhnlich innerhalb der ersten Schlafstunden auftritt und durch ein plötzliches Aufschrecken (meist Aufschreien und Aufsetzen) aus den Non-REM-Schlafstadien 3 oder 4 charakterisiert ist. Albträume werden häufig auch einfach Angstträume genannt.

Manche Menschen erleben Träume, die immer wiederkehren. Bei manchen handelt es sich dabei um dieselben Träume, bei anderen sind es andere Träume, aber dieselben Traumthemen, die immer wiederkommen. Häufig sind diese sich wiederholenden Träume Albträume. Es scheint, dass dieses Thema – was auch immer es für den Träumer bedeuten mag – nicht ganz bewältigt ist, beachtet und verarbeitet werden möchte und nach einem Abschluss, einer Vollendung dieser (Traum-)Gestalt verlangt.

Albträume sind außerdem auch ein Diagnosekriterium der Posttraumatischen Belastungsstörung (PTBS). Wenn sie nach einem traumatisierenden Erlebnis wie Folter, Vergewaltigungen, einer Naturkatastrophe, Internierung in einem Konzentrationslager, Kriegshandlungen, einem Terroranschlag etc. auftreten und mit einer PTBS einhergehen, nennt man sie posttraumatische Albträume. Ist das Erlebnis so »unverdaubar«, dass es sich immer wieder in die Erinnerung der betroffenen Person drängt, und zwar als Bild, immer wieder in derselben Form, nämlich wie es sich tatsächlich ereignet hat, tagsüber oder in der Nacht, im Wachen oder im Schlaf, handelt es sich um eine Intrusion, ein sogenanntes Flashback.

Albträume generell können so häufig und störend sein, dass die Betroffenen nicht mehr schlafen wollen und nicht mehr schlafen können. Diese Menschen entwickeln Angst vor dem Wiedereinschlafen, weil sie Angst vor ihren Albträumen haben. Nicht-schlafen-Können hat bekanntlich für viele Bereiche des Lebens negative Folgen: das Immunsystem arbeitet nicht mehr richtig, man ist zu müde, sich mit anderen unterhalten zu wollen, kann nicht mehr die Leistung bringen, die man früher gebracht hat, und vieles mehr.

Menschen mit posttraumatischen Albträumen oder einfach häufig auftretenden Albträumen sind in einem Teufelskreis: Sie fürchten sich vor ihren Albträumen und können deshalb nicht schlafen. Der verminderte Schlaf führt aber dazu, dass die Selbstheilungskräfte, physiologisch gesprochen das Immunsystem, nicht mehr richtig funktionieren können – ein Teufelskreis, dem man allein nur schwer entkommt.

Ursachen für das Auftreten von Albträumen gibt es vermutlich viele. Diese Liste ist sicherlich nicht vollständig und bitte als vorläufige Ideensammlung zu verstehen:

■ Die psychodynamische Sichtweise ist, dass der Albtraum durch einen inneren Konflikt verursacht werden kann;

- Der Albtraum kann durch ein schreckliches Erlebnis, das bisher nicht ganz verarbeitet und damit integriert werden konnte, hervorgerufen werden. Ernest Hartmann (1984), ein Traumforschungspionier aus Boston, meint, dass Menschen, die dünnhäutig sind, eher zu Albträumen neigen;
- Sicherlich können belastende Situationen Albträume hervorrufen;
- Stress generell dürfte Albträume bedingen;
- Drogen-, Alkohol- und Medikamentensucht können Albträume hervorrufen;
- Meine Erfahrung ist, dass Menschen mit schweren Erkrankungen häufig Albträume entwickeln – ob da die Angst durch die Erkrankung hervorgerufen oder die Erkrankung an sich den Alb verursacht, ist ungeklärt;
- Es gibt einige Schlafstörungen wie die REM-Verhaltensstörung und die Schlaf-Apnoe, die überzufällig häufig mit Albträumen verbunden sind (Stepansky et al., 1998);
- Vermutlich gibt es genetisch gesehen eine Veranlagung zu Albträumen;
- Manche Menschen erleben Träume und auch Albträume als Vorahnungen;
- Einige Psychiater sind der Meinung, dass sich eine psychotische Episode durch ein vermehrtes Auftreten von Albträumen ankündigen kann …

**Therapie bei Albträumen** Die bisher am gründlichsten evaluierte Therapieform bei Albträumen, auch bei Posttraumatischer Belastungsstörung, ist wohl die »*Imagery-Rehearsal*«-*Therapie (IRT)*, die Barry Krakow entwickelt hat. Bei diesem Verfahren malt sich der Patient ein neues, gutes Ende für angsteinflößende, wiederkehrende Albträume aus und nimmt diesen somit ihren Schrecken. Der alte und der neue Traum werden aufgeschrieben und vorgelesen. Barry Krakow geht davon aus, dass der Albtraum zunächst ein Heilungsversuch war und sich, im Lauf der Zeit, wie ein Sprung in einer Platte Selbstzweck aus Gewohnheit wird. Der neu erfundene Verlauf des Traumes prägt eine neue Rille.

Ein weiterer Therapieansatz ist das *Arbeiten mit Träumen*. Eine Art von Traumarbeit findet man in fast allen therapeutischen Schulen, aber einen speziellen Behandlungsansatz bei Albträumen hat keine von ihnen im Repertoire. So hat die Psychotherapie bisher auch nur wenige Ansätze zur Behandlung posttraumatischer Albträume beschrieben, obwohl standardisierte Verfahren zur Behandlung der PTBS im Allgemeinen recht gut entwickelt sind.

Der *luzide Traum* als Therapieform bietet sich bei der Behandlung von Albträumen geradezu an. Bewusstes Träumen, kombiniert mit aktivem Eingreifen ins Traumgeschehen, kann die PatientInnen von Albträumen befreien, angstfreies Schlafen ermöglichen und neues Selbstbewusstsein wachsen lassen.

In den Albtraum eingreifen: Luzides Träumen

Besonders bei der Therapie von PTBS ist es naheliegend, bei den Albträumen anzusetzen, da die Situation, die traumatisiert hat, gänzlich realistisch (als Intrusionen) oder in abgewandelter Form im Albtraum immer wieder durchgespielt wird. Eine Verminderung der Albtraumfrequenz führt zu besserer Schlafqualität und damit einer besseren Bewältigung und damit einhergehend einer Erleichterung der PTBS-Symptomatik.

Albträumen und Klarträumen gehen mit höherer physiologischer Aktiviertheit einher. Deshalb ist es eigentlich für Albträumer prinzipiell einfacher, das luzide Träumen zu lernen, als für andere Träumer. Viele haben es ja auch spontan entwickelt, um dem Schrecken der Nacht entkommen zu können. Diese anekdotischen Erzählungen ehemaliger Albträumer haben uns auf die Idee gebracht, das luzide Träumen als Albtraumstrategie testen zu wollen. Also haben wir ein Training zum Klarträumen speziell für Albträumer entwickelt und es tatsächlich in unserem Forschungsprojekt »Kognition im Schlaf – eine therapeutische Intervention bei Albträumen«, gefördert vom Jubiläumsfonds der ÖNB, evaluieren können. Und – tatsächlich hat sich das luzide Träumen als eine wunderbare Methode für die Bewältigung von Albträumen erwiesen, besonders wenn es wie in unserem Projekt von Gestaltgruppentherapie begleitet wird. Gestalttherapie hat den Albträumern geholfen, sich selber und ihre Träume insgesamt besser verstehen zu lernen. Die Gestalttherapiegruppen hat übrigens Claudia Rothe, eine sehr erfahrene Gestalttherapeutin in Wien, geleitet. Gestalttherapie und die Technik des Klarträumens scheint mir die ideale Kombination zu sein, wenn man Albträume bewältigen will.

Ob es uns auch gelingen wird, dass traumatisierte Personen ihre vorher beschriebenen Intrusionen durch das luzide Träumen bewältigen lernen, klären wir in unserem neuen Projekt »Kognition im Schlaf – eine therapeutische Intervention bei Albträumen bei PatientInnen mit PTBS«, das ebenfalls wieder großzügigerweise der Jubiläumsfonds der Österreichischen Nationalbank fördert. Wenn es uns gelingt, posttraumatischen Albträumen und vielleicht sogar Intrusionen den Schrecken zu nehmen, wäre das ein weiterer großer Schritt für die Forschung und für die Betroffenen!

### Luzides Träumen – eine Technik zur Bewältigung von Albträumen

Das luzide Träumen haben wir schon im Kapitel vorher genauer beschrieben. Luzides Träumen befähigt eine Person, ihren eigenen Weg der Integration unbewusster Aspekte in die Gesamtpersönlichkeit zu finden. Wenn Patientinnen und Patienten mit Albträumen zu uns kommen, richtet sich unsere Vorgehensweise nach den folgenden Prinzipien:

Die Vorgehensweise

*1) Das ist »nur« ein Traum!* Im Klartraum kommt noch ein wesentliches Prinzip dazu, wodurch das Problem des empfundenen Realismus mit einem Schlag beseitigt wird und dem Träumer ermöglicht, sich auf die emotionale Problemlage zu besinnen. Die Erkenntnis des Träumers, dass seiner körperlichen Existenz kein realer Schaden droht, eröffnet ihm trotz anhaltender Angst die Möglichkeit eines veränderten, differenzierteren und auch kontrollierteren Verhaltens und damit das Durchbrechen verinnerlichter, negativer Erwartungshaltungen.

*2) Bewusste Konfrontation mit den angsterregenden Traum-bilder und Traumfiguren:* Im luziden Traum hat der Träumer die Möglichkeit, nachdem er den Traumzustand erkannt hat, seine Handlungen bewusst setzen zu können. Der Träumer kann sich entscheiden, nicht mehr vor z. B. einem Monster davonzu-laufen, sondern zunächst mal sich zu verstecken, um den Bedro-her aus sicherer Entfernung zu betrachten. Der Träumer hat also die Wahl. Er ist dem Sog der Angst im Albtraum nicht mehr völ-lig ausgeliefert, sondern hat plötzlich Alternativen. Im besten Fall versucht er mit dem Bedroher aus sicherer Entfernung oder einem sicheren Versteck in den Dialog zu finden.

*3) Veränderung der Traumhandlung:* wird durch die Konfronta-tion und/oder das bewusste Entscheiden möglich; Kontrollver-lust wird zu Selbstverantwortung. Eine Interaktion, ein In-Kon-takt-Kommen mit bedrohlichen Traumfiguren nimmt ihnen das Schreckliche und ermöglicht Auseinandersetzung und damit Integration dieser negierten Anteile.

*4) Die Bedeutung des Traumes lässt sich während des Traums erschließen und transformieren:* Im Klartraum ist es möglich zu erkennen, was der Traum bedeutet oder welche Problematik er ab-handelt. Gelingt das, begreift und verarbeitet der/die TräumerIn.

*5) Handelt es sich aber um eine nicht verarbeitbare Erfahrung:* ist das Wissen, dass man den Traum beeinflussen und auch be-enden kann, ein sehr wertvolles Werkzeug für die von den Alb-träumen Geplagten. Eine Möglichkeit, sich aus einem schreck-lichen Traum zu wecken, ist, den Blick anzuhalten, d. h. im Traum einen Punkt zu finden, den man anstarrt. Denn durch dieses Anhalten des Blicks kann man sich am zuverlässigsten wecken. Vermutlich sind wir ja – physiologisch gesehen – in einer REM-Periode – der Schlafphase der Rapid Eye Movements, der schnel-len Augenbewegungen. Vermutlich korrespondiert der angehal-tene Blick mit einem Anhalten der REM-Bewegungen und somit der REM-Phase, verlässt damit die Rahmenbedingung REM-

Schlaf und erwacht. Der Träumer weiß jetzt, wie er den Notausgang finden kann.

Ängste offenlegen, konfrontieren, bewältigen

Wird durch das Klarträumen nicht etwas unterdrückt, was sich dann in einem anderen Symptom ausdrücken muss? Wie gehandelt wird, hängt auch im Klartraum vom Träumer selber ab. Es mag Situationen geben, wo es bereits hilft, sich aus einer geträumt gefährlichen Lage retten zu können. Sicherlich ist das große Ziel, die Ängste durch das Klarträumen offenzulegen, zu konfrontieren und damit bewältigen zu lernen, um sie sich dann zu eigen machen zu können. Manche Albträumer können das nur Schritt für Schritt. Orientierung ist dabei wesentlich. Deshalb empfehle ich, wie bereits im Kapitel über das luzide Träumen gesagt, kompetente Begleitung beim Erlernen und Anwenden des luziden Träumens – einen Traumcoach, der psychotherapeutisch geschult ist.

Wie unser Training im Detail entwickelt worden ist und welche Empfehlungen wir zum Verhalten im Traum geben, erfolgt nach gestalttherapeutischer Theorie und Haltung, die sich an Respekt, Ganzwerdung (Integration), Kreativität und Selbstorganisation orientiert.

Lucid Image Rehearsal Therapy

Eine dieser von uns entwickelten Techniken nenne ich übrigens *LIRT: Lucid Image Rehearsal Therapy*. Ich habe die IRT insofern abgewandelt, dass ich den TeilnehmerInnen nach dem Aufschreiben eines unangenehmen Traumes die Passagen des Traumes, die Wendepunkte oder, wie ein Drehbuchautor sagen würde, die Plotpoints in diesem finden und hervorheben lasse, durch die der Träumer den Traumzustand hätte erkennen können. An diesen Punkten lasse ich jetzt den Träumer im Wachen mögliche neue Traumhandlungen fantasieren. Wenn er selber keine finden kann, frage ich die anderen GruppenteilnehmerInnen nach Ideen. Letztlich muss er sich für eine davon entscheiden und den »neuen« Traum wiederum aufschreiben und jemandem vorlesen oder einfach laut lesen – das ist eine sehr effektive Übung!

Unser Forschungsprojekt über Albträume und Albtraumbehandlung »Kognition im Schlaf – eine therapeutische Intervention bei Albträumen«, gefördert vom Jubiläumsfonds der Österreichischen Nationalbank, hat interessante Ergebnisse gebracht, die ich kurz schildern will (Holzinger & Klösch, 2006). Die Bezeichnung »Kognition im Schlaf« schien uns für NaturwissenschaftlerInnen akzeptabler als Klartraum oder luzides Träumen.

Voraussetzung der Teilnahme an dieser Studie war, dass man häufig unter Albträumen litt (mehrmals pro Woche), deswegen nicht schlafen konnte und sich insgesamt dadurch sehr beeinträchtigt fühlte. Etwa die Hälfte der AlbträumerInnen, die an der Klartraumtrainingsgruppe teilnahmen, hat das luzide Träumen gelernt. Beim zweiten Durchlauf waren deutlich mehr TeilnehmerInnen erfolgreich. Im ersten Durchlauf ist mir leider erst in der 6. Sitzung klar geworden, dass die TeilnehmerInnen das Klarträumen ausschließlich als unangenehme Mühe zur Bewältigung der Albträume – fast wie ein medizinisches Mittel – aufgefasst haben. Nicht im Traum hätte ich daran gedacht, dass jemand das Klarträumen als notwendiges Übel verstehen könnte! Das hat dazu geführt, dass die Begeisterung der TeilnehmerInnen, gelinde gesagt, mäßig war. Was wiederum zur Folge hatte, dass nur etwa die Hälfte der TeilnehmerInnen das Klarträumen auch nur annähernd erlernt haben. Aber, die Gruppenleiterin hat dazugelernt! Genau das habe ich der Klartraumgruppe des zweiten Durchgangs erzählt und immer wieder betont, was für eine Freude und was für ein Schatz das Klarträumen ist und dass die Albtraumbewältigung eigentlich mehr ein Nebenprodukt dieses wunderbaren Zustands ist. Und – es hat gewirkt, und wie!

In der zweiten Gruppensitzung berichtete Corinna, deren Traum Sie weiter unten lesen können, von einem wunderbaren, voll ausgebildeten Klartraum, mit dem sie bereits eines ihrer Albtraumthemen hat bewältigen können. Das hat wiederum die anderen angesteckt und dazu geführt, dass bis auf zwei TeilnehmerInnen dieser Gruppe alle das Klarträumen erlernt haben und auch ihre Albträume deutlich reduzieren konnten oder für andere sich der Schreck, der mit den Albträumen verbunden war, in ein schaurig-schönes Schreckchen verwandelt hat.

Erfahrungen mit der Methode

Denen, die sich den Träumen und den Albträumen ausgeliefert gefühlt haben, hat es bereits sehr geholfen zu erfahren, dass es eine Möglichkeit gibt, einen schrecklichen Traum zu beenden, und dass Träume nicht gottgegeben sind, sondern selbst gemacht und deshalb beeinflussbar sind.

Für andere waren die Albträume dadurch keine Horrorerlebnisse mehr, sondern kleine Thriller, und manchen ist es gelungen, völlig neue Handlungen zu erleben oder klare Erkenntnisse zu gewinnen.

Die Frage, ob die Klartraumübungen und das Klarträumen eine Hilfestellung zur Bewältigung von Albträumen bietet, wurde mit Ausnahme einer Person von allen anderen StudienteilnehmerInnen positiv beantwortet.

Luzides Träumen ist also eine erlernbare, anwendbare und hervorragende Technik, um Albträume zu bewältigen!

Im Durchschnitt hat die Albtraumhäufigkeit von 2–3-mal pro Woche auf 2–3-mal pro Monat reduziert werden können! In beiden Gruppen war eine hoch signifikante Verbesserung der Schlafqualität (PSQI) zu beobachten.

Dennoch: Interessant für mich war, dass beinahe alle GruppenteilnehmerInnen im Zuge der Therapie traumatisierende Erlebnisse berichtet und als Quelle ihrer Albträume identifiziert haben. Egal, ob der oder die Betreffende noch zusätzlich mit einer Diagnose lebte, wie Angststörung, Depression oder Borderline. Die Frage, ob hinter den meisten »psychischen Störungen« traumatisierende Erlebnisse stehen und ob eine Art Veranlagung oder der Zeitpunkt und die Rahmenbedingungen der Traumatisierung ausschlaggebend sind, welche Störung es sein wird, ist für mich zum Thema geworden!

Zusammenfassend ist zu sagen, dass Kognition im Schlaf, also luzides Träumen oder Klarträumen, eine erlernbare und zur Bewältigung von Albträumen aus verschiedenen Gründen höchst geeignete Technik ist, die sogar die Schlafqualität deutlich verbessert, insbesondere wenn es von gestalttherapeutischem Denken begleitet und integriert wird, und das unabhängig von der Ursache der Albträume!

Carry Hauser (1895–1985), ein Maler, der für seine kubistischen Gemälde bekannt ist, hat beide Weltkriege des letzten Jahrhunderts miterlebt und schrecklich unter den Albträumen gelitten, die durch die Kriegswirren, die ihm widerfahren sind, entstanden sind. Er hat versucht, sich dadurch zu helfen, dass er diese Albträume und auch andere Träume aufgezeichnet hat. Ich finde seine Zeichnungen sehr aufschlussreich, wenn man sich vorstellen will, wie die Albtraumbewältigung, wie wir sie empfehlen, im Zustand des Klarträumens vor sich gehen kann. Carry Hauser hat, soweit mir bekannt ist, zwar nicht klargeträumt, aber in seinen Zeichnungen einen Albtraumbewältigungsvorgang vollzogen, der mit dem, wie man im luziden Träumen vorgehen kann, identisch ist. Er zeigt, was passiert, wenn man die Courage entwickelt, vor beängstigenden Figuren nicht mehr davonzulaufen, sondern wenn man sich ihnen stellt.

Im ersten Bild sieht man, wie das Traum-Ich sich wie das Kaninchen vor der Schlange fürchtet. Im zweiten Bild, dieses bedrohliche Schlangenmonster konfrontierend, sich der Furcht also stellend, sieht man, dass diese Verkörperung der Angst

Carry Hauser: Der Schlangenbändiger, 1920

Carry Hauser: Traum von der Schlange mit Armen, 1962

beginnt, sich zu verwandeln, von der schrecklichen Schlange zu einer ansprechbaren und damit versteh- und integrierbaren Person ... Und damit diese überflutende Angst transformiert in Mut, psychotherapeutisch gesprochen, in Ich-Stärke.

Man sieht, wie sich die Schlange im zweiten Bild noch mehr aufgerichtet hat und beinahe schon menschliche Gestalt angenommen hat. Diese menschliche Gestalt ist bereits hinter ihr aufgetaucht.

Denn die Angst vor der Angst macht den Bedroher mächtiger

und mächtiger ... das hat auch schon Freddy Krüger gewusst. Wes Craven, der Autor von »Nightmare on Elmstreet« und Erfinder von Freddy Krüger, kennt sich beim Träumen aus, denn er ist recht gut mit Stephen LaBerge befreundet und hat sich von ihm bei der Darstellung von Albträumen und deren Bewältigung beraten lassen. Für alle Albträumer: In »Nightmare on Elmstreet« sieht man auch, wie man Albträume bewältigen kann – als kleine Warnung: es handelt sich dabei um ein Horror-B-Movie und ist für Kinder – unter und über 16 Jahren – nicht geeignet.

Um einen plastischen Eindruck zu geben, wie Albträume mittels luzidem Träumen zu bändigen sind, gebe ich hier die schon angekündigte Traumsequenz von Corinna, einer Teilnehmerin der Forschungsgruppe, wieder. Corinna ist eine junge Frau, alleinerziehende Mutter von zwei Kindern. Sie erzählt ihren Traum:

>*Ich sitze in einem Bus, vorne in der ersten Reihe, in Fahrtrichtung auf der rechten Seite. Am Fenster sitzt ein Mensch, mit dem ich mich sehr nett unterhalte. Ich sitze an der Gangseite, direkt neben ihm. Irgendwann ist (von meiner Seite aus) alles gesagt, ich bin glücklich und zufrieden, fühle mich gut. Ich verspüre den Impuls aufzustehen. Ich stehe also auf, gehe den Gang entlang in den hinteren Teil des Busses. Im hinteren Drittel sitzt (gegen Fahrtrichtung rechts) ein Mann am Fenster. Ich setze mich neben ihn, und wir fangen an, miteinander zu reden. Ich empfinde große Glücksgefühle, es ist ein sehr inspirierendes, angenehmes Gespräch. In dem Moment, als ich anfange, sexuelle Gefühle zu haben, passiert etwas Außergewöhnliches: Die Situation fühlt sich bedrohlich an. Ich schaue mich um und sehe, wie von beiden Seiten des Ganges Männer auf meinen Platz zukommen. Von einer Seite einer, von der anderen Seite zwei. Alle haben Skalpelle oder Messer in der Hand. Sie kommen in gleichbleibender Geschwindigkeit langsam auf mich zu.*

*Ein Gefühl von Panik macht sich in mir breit. Ich sehe*

Ein Beispiel für Albtraumbewältigung mit luzidem Träumen

*die Männer an, schaue ihnen in die Augen. Sie sind wie hypnotisiert, spulen ihren Film ab, ich kann sie nicht (auf Herzebene) erreichen. Das Schlimmste ist: Ich weiß, dass sie mich aufschlitzen wollen. Ich habe Angst. Todesangst. Ich will nicht aufgeschlitzt werden. ICH WILL DAS NICHT!*

*Das scheint das Stichwort für mein Wach-Bewusstsein zu sein, sich im Traum einzuschalten. Wie war das noch? ›Wenn ihr etwas träumt, das euch ängstigt oder was ihr nicht träumen wollt, dann könnt ihr euch auf einen Punkt konzentrieren, oder so ähnlich.‹*

*Jedenfalls schaltet sich mein Bewusstsein ein, mischt sich in den Traum ein:*

*Ein wacherer Teil meines Selbst (nicht das verängstigte Traum-Ich) sagt (quasi als Antwort auf das ›Ich will nicht aufgeschlitzt werden!‹): ›Hey, probier das doch einfach mal aus, was du heute in der Albtraumgruppe gelernt hast!‹ Mein verängstigtes Traum-Ich hat Selbstzweifel, Angst, es nicht zu können, denkt: ›Ich kann das nicht!‹ Mein wacheres Selbst sagt (in Gedanken/telepathisch) zu meinem Traum-Ich: ›Doch, du kannst das!‹ Die Männer kommen stetig näher, sind schon sehr nah. Mein Traum-Ich gibt nach und versucht es. Ich (Traum-Ich) suche blitzschnell einen Punkt, der sich nicht bewegt. Mein Blick bleibt oben an der Gepäck-Ablage auf der anderen Seite des Ganges haften, genau zwischen den Männern, die auf mich zukommen. Ich fange an, mich auf diesen einen Punkt in der Gepäck-Ablage zu konzentrieren. Ich konzentriere mich immer mehr auf diesen Punkt, beobachte mich während der ganzen Aktion von einer noch wacheren Ebene aus (beobachte auch das ›Gespräch‹ zwischen wacherem Ich und Traum-Ich). Das beobachtende Selbst registriert, wie die Männer, die mich aufschlitzen wollen, immer langsamer werden, je mehr ich mich konzentriere. Quasi indirekt proportional dazu. Ich nehme die Männer immer weniger wahr, auch meine Angst ist weg. Als ich meine Aufmerksamkeit zu ca. 80% auf diesen Punkt konzentriert habe, merke ich, wie die Männer immer unsicherer werden in ihrer Absicht. Sie scheinen vergessen zu haben, was ihre Absicht oder ihr Auftrag war. Sie kommen zwar immer noch auf mich zu, aber sie sind nicht mehr bedrohlich, als hätte sich ihre ›Programmierung‹ geändert. Ich beobachte das alles von einer höheren Warte aus. Gleichzeitig bin ich dieses Traum-Ich. Ich registriere, dass es funktioniert, und doch bekomme ich plötzlich Zweifel und Angst, dass es doch nicht klappt. Meine Konzentration auf diesen Punkt nimmt ab, und tatsächlich werden die Männer wieder klarer in ihrer Absicht, mich aufzuschlitzen. Ich habe wieder Todesangst. Sie sind jetzt schon so nah, dass sie mich fast berühren können. Ich sitze in der Falle. Sie sind gleich da. Ich sage wieder zu meinem wacheren Selbst: ›Ich schaff das nicht.‹ Es antwortet: ›Doch, du schaffst das. Los, mach schon!‹ Jetzt hat auch mein wacheres, beobachtendes Selbst Todesangst, drängt mich, weiterzumachen. O. k., ich versuche es weiter.*

*Ich konzentriere mich wieder auf den Punkt. Ja! Es klappt! Diesmal schaffe ich es, die Konzentration zu halten. Bei ca. 80 % haben die Männer wieder vergessen, was sie wollten. Ich konzentriere mich noch mehr, und tatsächlich: Der Traum hört auf.*

*Kurz bevor er sich auflöst, empfinde ich ein riesiges Gefühl der Freude und bin so dankbar für diesen Tipp mit dem Konzentrieren/Augen ruhig halten. Was für ein Geschenk!«*

Corinnas Traum ist noch unsicher, noch kein voll ausgeprägter Klartraum. Er hat ihr dennoch enorm geholfen, das Böse zu bändigen …

Interessant ist auch, dass sich die Traumfiguren, in diesem Fall die bedrohlichen Männer, je nach Corinnas Angst verhalten, als ob sie direkte Bilder ihrer selbst gemachten Angst wären. Und so ist es auch, unsere Traumbilder sind Gefühle in Bildern, kleinen Videoclips, die davon gespeist werden, was wir fühlen und was wir erwarten. … Das werden Sie selber erleben, wenn sie beginnen klarzuträumen!

Sollten Sie unter Albträumen leiden, möchte ich Ihnen eine Vorgehensweise beschreiben, die ich gerne als Übung zeige, wenn es darum geht zu erfahren, was man im Traum tun kann, wenn man luzide wird und einem »Monster« begegnet.

Berry Krakow beschreibt diese Übung sehr ähnlich zur Albtraumbewältigung an sich und nennt sie eben IRT.

Eigentlich ist diese Übung sehr einfach, aber wenn Sie sie richtig machen, spüren Sie die Bewegung in Ihrem Inneren schon bei der Übung selber, denn, wie gesagt, Tag- und Nachtfantasie haben auch Gemeinsamkeiten und beeinflussen einander, deshalb werden sich durch diese Übung Ihre Träume ändern.

- Suchen Sie sich einen Ihrer Albträume aus – wenn Sie häufig Albträume oder wiederkehrende Albträume haben, suchen Sie sich nicht den schrecklichsten aus, sondern einen milderen. Schreiben Sie diesen Traum so detailreich wie möglich auf. Wenn Sie das getan haben, versuchen Sie bitte, ein anderes, ein Happy End, für diesen Traum zu finden, das für Sie passt, das Sie selber auch glauben können. Sollte es für Sie nicht möglich sein, ein anderes Ende zu fantasieren, lassen Sie sich von anderen dazu anregen. Fragen Sie jemanden, der Ihnen vertraut ist, ob er/sie eine Idee für Sie hätte.
- Wenn Sie einen neuen Verlauf und damit auch das neue Ende für Ihren Traum gefunden haben, schreiben Sie auch diesen neuen Traum so detailreich wie möglich auf. Lesen Sie ihn jemandem, dem Sie vertrauen, laut vor. Basteln Sie so lange an dem Traum herum, bis er für Sie passt. Wenn es so weit ist, fantasieren Sie diesen neuen Traum möglichst oft möglichst detailreich durch, auch vor dem Einschlafen oder wenn Sie in der Nacht aufgewacht sind.
- Freuen Sie sich darauf, dass Ihre Träume ihre Schrecken verlieren!

## 10. Inspiration Traum

... während du schläfst

In *Xanadu* ließ *Kublai Khan*
ein stattliches Lustschloß errichten,
wo Alph, der heilige Fluß, lief
durch Höhlen, unermeßlich dem Menschen,
   hinab zu einem sonnenlosen Meer.
So wurden zweimal fünf Meilen fruchtbares Land
mit Mauern und Türmen umgürtet.
Und dort waren Gärten, blinkend mit gewundenen Bächen,
wo zahlreich ein weihrauch-trächtiger Baum blühte;
und hier waren Wälder, alt wie die Hügel,
die sonnige Flecken grüner Lichtungen in sich bargen.

Aber ach, diese tiefe romantische Kluft, die schräg abfiel
den grünen Hügel hinab, quer durch ein Zederndach!
Ein wilder Ort, so heilig und verwunschen, wie er je
unter einem abnehmenden Mond ward heimgesucht
von einer Frau, die um ihren Dämonen-Geliebten weinte.
Und aus dieser Kluft, in unaufhörlichem Aufruhr kochend,
als ob diese Erde in schnellem, schweren Keuchen atmete,
ward ein mächtiger Springquell jäh emporgetrieben,
inmitten dessen raschen, stoßweisen Ausbrüchen
riesige Brocken wirbelten wie prasselnder Hagel,
oder wie spreuendes Korn unter dem Dreschflegel:
Und inmitten dieser tanzenden Felsen, plötzlich und ewig,
schoß jäh empor der heilige Fluß.
Fünf Meilen mäandrierend in trägem Lauf
durch Wald und Tal lief der heilige Fluß,
erreichte dann die Höhlen, unermeßlich dem Menschen,
und sank im Tosen zu einem leblosen Ozean hinab.
Und inmitten dieses Tosens hörte Kublai von fern

Vorväter-Stimmen, prophezeiend Krieg!
Der Schatten von dem Lustschloß
floß mitten auf den Wellen,
wo das vermischte Rauschen zu hören war
von dem Springquell und den Höhlen.
Es war ein Wunder von seltener Kunstfertigkeit,
ein sonniges Lustschloß mit Höhlen von Eis!

Ein Mädchen mit einer Harfe
sah ich einst in einer Vision:
Es war eine äthiopische Maid,
und auf ihrer Harfe spielte sie
und sang vom Berg Abora.
Könnte ich in mir wiederbeleben
ihren Wohlklang und Gesang,
ein solch tiefes Entzücken würde es mir bereiten,
daß mit Musik, laut und lang,
ich dieses Schloß in die Luft bauen würde,
dieses sonnige Schloß! jene Höhlen von Eis!
Und alle, die zuhörten, sollten sie dort schauen,
und alle sollten rufen: »Gebt acht! Gebt acht!
Seine flammenden Augen, sein fließendes Haar!
Webt einen dreifachen Kreis rund um ihn,
und schließt eure Augen in heiligem Schauder,
denn an Honig-Tau hat er sich gelabt,
und getrunken die Milch des Paradieses.«

(Aus: Hans Zimmermann, Görlitz : Quellentexte in neun Sprachen:
Samuel Taylor Coleridge: Kublai Khan [1798])

Samuel Taylor Coleridge soll dieses Gedicht, oder jedenfalls
Fragmente davon, in einem nachmittäglichen laudanuminduzierten Schläfchen geträumt haben …

Ich möchte mich nun abschließend einem meiner liebsten
Themen zuwenden: Kreativität und Traum oder kann der Traum
oder das Träumen meine Kreativität inspirieren?

Dass Kreative häufig einen ganz besonderen Zugang zu Träumen haben, überrascht eigentlich nicht wirklich, sind doch derlei Prozesse ihr täglich Brot. Aber was sich bei den Interviews, die ich mit Kreativen aus Bildender Kunst, Musik, Film für dieses Kapitel geführt habe, herausgestellt hat, hat selbst mich verblüfft. Die Genauigkeit, mit der Kreative ihre Träume erforscht haben und kennen, und die Prozesse, die dabei involviert sind, finde ich schlicht faszinierend! Seit einer Studie von Montague Ullman wissen wir es: Künstlerische, kreative Menschen haben einen deutlich besseren Zugang zu ihren Träumen als andere. Der Zustand des kreativen Schaffens dürfte doch jedenfalls ähnliche Bedingungen brauchen wie der des Träumens – meistens ist es die Welt der Bilder!

Zunächst ist zu klären, ob es zwischen Traum und Kreativität einen nachweisbaren Zusammenhang gibt oder geben könnte. Wie wir im Kapitel Physiologie gesehen haben, geht Allan Hobson davon aus, dass der Traum oder der Vorgang des Träumens allgemein durch Feuern von Neuronen im Gehirn – also Zufallsentladungen – zustande kommt und mit uns und unseren Erfahrungen möglicherweise gar nichts zu tun hat. Eine Geschichte würde aufgrund dieser Bilder, die zufällig in unsere Köpfe (vielleicht ja mehr als nur Köpfe, in Körper und Geist, wenn man so will, in unsere Seele) kommen, beim Aufwachen geformt. Menschen haben ein existenzielles Bedürfnis nach Zusammenhang und Sinn. Aus dem Zufälligen machen die Träumer mehr oder weniger sinnvolle Geschichten und Bilder.

Ich finde diesen Gedankengang gar nicht uninteressant, und für mich ist es auch kein Widerspruch zur Traumarbeit, denn womit wir, wenn wir uns mit unseren Träumen beschäftigen, psychotherapeutisch, kreativ oder einfach für uns umgehen, kommt ja von uns selbst, und nur, weil der Traum in der Nacht und (vermutlich) während des REM-Schlafs stattfindet, hat er aus meiner Sicht keinen größeren Anspruch auf Wahrheit oder Wahrhaftigkeit als andere Zustände von Konzentration und/oder Versenkung – aber auch nicht weniger!

In diesem Kapitel möchte ich einige Gedanken zum Thema

Kreativität ausführen und Träume und Träumer detaillierter schildern, die zum Teil bekannt, zum Teil noch nicht so berühmt sind, die mir aber ihre Träume anvertraut haben. Vor allem haben sie mir anvertraut, wie sie aus ihren Träumen schöpfen, und sie haben mir selbstverständlich auch die Erlaubnis erteilt, das weiterzugeben.

Für mich persönlich ist es spannend zu versuchen, die Geschenke des Traumes zu manifestieren, sei es auf Papier oder auf der Filmleinwand. Fragt man Filmemacher, so hört man immer wieder, dass Filme Träume sind. Immer wieder drängt sich der Gedanke auf, dass unser Bedürfnis nach Träumen so stark ist, dass wir daraus eine riesige Industrie gemacht haben, nämlich die Filmindustrie, und dass wir eckige Kästchen erfunden haben, die uns die Träume anderer allabendlich ins Wohnzimmer bringen. Nichts tun wir lieber, als uns bequem auf einer Couch diese Träume der anderen »reinzuziehen«. Dazu habe ich auch einen Erklärungsversuch, der eigentlich aus der Psychoanalyse stammt und den ich im Kapitel über Freud, Jung und andere Träumer bereits kurz angedeutet habe: Das Faszinosum, in die Welt der Bilder, ins Unbewusste einzutauchen, ins primärprozesshafte All, in die Situation des Einsseins mit sich, den anderen und der Welt, das tröstet, nährt und schenkt eine gewisse Geborgenheit.

## Info

Im Duden findet man unter Kreativität u. a.: »Der Ursprung des Begriffs Kreativität ist nicht eindeutig geklärt. Es gibt mehrere ähnliche und vom Wortstamm her verwandte Wörter, die auf den lateinischen Begriff *creare* zurückgehen, was so viel bedeutet wie ›etwas neu schöpfen, etwas erfinden, etwas erzeugen, herstellen‹. Durch französischen Einfluss entstand dann im 20. Jahrhundert das Fremdwort ›Kreation‹ (›Modeschöpfung, Modell‹), aus dem sich der heutige Begriff Kreativität im Sinne von ›schöpferische Kraft‹ ableitet. In dem Begriff Kreativität klingt aber auch das lateinische ›crescere‹ an, das ›werden, wachsen, wachsen-lassen‹ bedeutet. Dieser eher passive Aspekt der Kreativität wird in den östlichen Schöpfungsvorstellungen stärker beachtet, wo z. B. im Buddhismus und Hinduismus Kreativität Geschehen-Lassen und Einfügen in ein größeres Ganzes bedeutet.«

In der Schule habe ich folgende Definition von Kreativität gelernt: Kreativität ist die Verkettung von bereits Vorhandenem, wobei etwas Neues entsteht.

Die berühmten Beispiele von Kreativität im Traum sind heute wieder mal umstritten. Aber ob diese Lösungen geträumt worden sind oder aufgrund von Traumbildern inspiriert, im Wachen oder beim Erwachen zusammengewachsen sind, soll uns nicht weiter beschäftigen. Wichtig ist, dass diese Lösungen nach dem Erwachen einfach »da« waren. Immer wieder zitiert wird August Kekulé, der, über eine mögliche Struktur von Benzol nachdenkend, sie im Traum als ringförmig erkannt haben soll. Er selber schreibt in seiner Berliner Rede zum 25-jährigen Jubiläum des Benzolrings 1890 (in: Mitscherlich, 1972):

Geschenke des Traums

> *»Während meines Aufenthaltes in Gent in Belgien bewohnte ich elegante Junggesellenzimmer in der Hauptstrasse. Mein Arbeitszimmer aber lag nach einer engen Seitengasse und hatte während des Tages kein Licht. Für den Chemiker, der die Tagesstunden im Laboratorium verbringt, war dies kein Nachtheil. Da sass ich und schrieb an meinem Lehrbuch; aber es ging nicht recht; mein Geist war bei anderen Dingen. Ich drehte den Stuhl nach dem Kamin und versank in Halbschlaf. Wieder gaukelten die Atome vor meinen Augen. Kleinere Gruppen hielten sich diesmal bescheiden im Hintergrund. Mein geistiges Auge, durch wiederholte Gesichte ähnlicher Art geschärft, unterschied jetzt grössere Gebilde von mannigfacher Gestaltung. Lange Reihen, vielfach dichter zusammengefügt; Alles in Bewegung, schlangenartig sich windend und drehend. Und siehe, was war das? Eine der Schlangen erfasste den eigenen Schwanz und höhnisch wirbelte das Gebilde vor meinen Augen. Wie durch einen Blitzstrahl erwachte ich; auch diesmal verbrachte ich den Rest der Nacht, um die Consequenzen der Hypothese auszuarbeiten.«*

Ob es sich bei dieser Beschreibung um einen Traum oder eine Eingebung gehandelt hat, Kekulé hat aufgrund dieser Bilder erkannt, dass die Struktur von Benzol ringförmig ist!

Weitere, oft zitierte Beispiele sind, und da nenne ich nur einige davon:

- Henri Poincaré, (1854–1912): eine bestimmte mathematische Funktion (Poincaré, 1970);
- Hermann Hilprecht (1859–1925): Professor für Assyrologie, träumte, dass ihm ein Priester die richtige Übersetzung des Steins von Nebukadnezzar verrät, die sich als richtig erweisen sollte (Dement, 1972);
- Otto Loewi (1873–1961): Die Versuchsanordnung des Experiments mit Froschherzen, das bestätigte, dass Neurotransmitter Impulse übertragen (Dement, 1972).

Kreativität hat unzählige Facetten und Gesichter. Ein Ingenieur, der nach der Lösung eines technischen Problems sucht, muss kreativ sein, ebenso ein Spitzenkoch oder ein Designer. Auch wir »Normalmenschen« sind täglich in unserer Kreativität gefordert. Kreativität wird Künstlern zugeordnet, Malern, Bildhauern, Schriftstellern, Filmemachern, Musikern usw. Das sind Menschen, die eine besondere Begabung haben und diese auch durch ihr Interesse entwickelt haben und pflegen und meist auch noch davon leben. Kreativ kann jeder sein und ist es bis zu einem gewissen Grad auch. Kreativität, etwas Neues zu schaffen, eine gute Idee zu haben, ist ein erfüllendes Gefühl – für den Künstler und jeden anderen auch. Viele Kreative schöpfen aus ihren Träumen, lassen sich von dieser halb verdrängten, halb unbewussten Dunkelzeit der Nacht anregen. Erst einmal über ein Problem schlafen zu wollen, damit man am nächsten Tag mit einer Idee zur Lösung aufwacht, haben Sie auch schon erlebt. Ich wollte näher betrachten, wie genau Schlaf und Traum inspirieren, und habe Kunstschaffende gefragt. Für die, die ich befragt habe, sind Träume essenziell – um Ideen zu finden, aber auch um Dämonen der Nacht zu erobern.

Stephen King soll immer wieder unter Albträumen gelitten

haben, bis er aus einem seiner Albträume Bilder entnommen hat, um daraus eine Geschichte zu formen. Naomi Epel schildert in ihrem Buch *Writers Dreaming* Details über Stephen Kings Traum- und Schreibwelt. Eine kurze Version davon habe ich basierend auf ihrem Buchbeitrag über Stephen King hier für Sie übersetzt und zusammengestellt – weitere Details können Sie in ihrem Buch nachlesen:

Stephen King erinnert sich an folgenden Albtraum, den er geträumt hat, als er neun oder zehn Jahre alt war:

»In diesem Traum bin ich einen Hügel hinaufgekommen. Oben, auf diesem Hügel, war ein Galgen, um den herum Vögel gekreist sind. Auf diesem Galgen hing ein Gehängter. Er war nicht durch Genickbruch gestorben, sondern der Strick hatte ihn erwürgt. Das hat man daran gesehen, dass sein Gesicht aufgedunsen und blau war. Wie ich mich ihm genähert habe, hat er plötzlich seine Augen geöffnet, seine Hände ausgestreckt und nach mir gegriffen.

Ich bin schreiend aufgewacht, mir war nicht nur heiß und kalt gleichzeitig, ich hatte auch noch Gänsehaut überall. Stundenlang konnte ich nicht mehr einschlafen, und in den nächsten Wochen musste das Licht im Schlafzimmer aufgedreht bleiben. Ich erinnere mich heute noch an diesen Traum, als ob ich ihn gestern geträumt hätte.

Viele Jahre später habe ich an ›Salem's Lot‹ zu arbeiten begonnen. Ich wusste schon, dass die Geschichte von einem Vampir aus fremden Ländern handeln würde und dass er in einem Geisterhaus wohnen würde. Mehr nicht; da ist mir dieser Albtraum von früher eingefallen – der hat perfekt gepasst!

Ich taufte diesen Toten Hubie Marsten und habe einfach den Traum als die Art, wie er sterben sollte, wiederholt. Hubie Marsten hat sich selber erhängt. Er ist eine Art schwarzer Magier, der im Elend stirbt und lebt.

In meinen Geschichten verwende ich Träume einerseits als Spiegel dessen, was einem sonst verborgen bleibt, und andererseits als eine Art Geschichtenbeschleuniger.

Teil meiner Arbeit als Schriftsteller ist, wach zu träumen. Wenn ich mich morgens hinsetze, um zu schreiben, weiß ich am Beginn und am Ende meiner Schreibsitzung, dass ich schreibe, wie wenn man schlafen geht, man weiß es vor und nach dem Schlafen. Aber dazwischen ist die Welt verschwunden, und so kann ich besser sehen. Die kreative Vorstellung und der Traum sind so ähnlich, die müssen verwandt sein und zusammenhängen!

Mir ist klar, wie wertvoll dieser Zustand ist. Ich glaube, ich träume in der Nacht weniger, weil ich tagsüber ›träume‹ und den ›Traumdruck‹ dadurch reduziere. Ich erinnere mich, dass ich, wie ich diesen Zustand das erste Mal gefunden habe, mich sehr gefreut habe, es war, als ob man eine geheime Tür gefunden hätte. Ich bereite mich darauf vor, wie ich mich aufs Schlafengehen vorbereite, als ob ich mir sagen wollte: Zeit zu träumen! Ich stelle mich darauf ein mit meinen kleinen Tagesritualen: Ich setze mich an denselben Platz zur selben Uhrzeit, nehme dieselbe Vitaminpille, dreh meine Musik auf, …« (Epel, 1994)

Kreative und ihre Träume Als ich mich 1994 in New York aufgehalten habe, meine neue Klartraum-CD im Gepäck, auf der Suche nach einem Musikstudio, das meine verschiedenen Tracks mischen würde, habe ich einige Musiker kennengelernt, insbesondere Jazz-Musiker. Man unterhält sich, erzählt sich, woran man arbeitet. Alle wollten mehr zum Thema Traum wissen, und im Lauf dieser Gespräche kamen dann immer wieder Bemerkungen wie: »Aber das mache ich jede Nacht! So komponiere ich doch! Ja, wenn ich an einem Stück arbeite, dann dauert das oft bis spät in die Nacht. Ich gehe dann mit dem Stück ins Bett, und meistens träume ich davon. Was ich dann in meinen Träumen höre, kann ich als Idee zu einem Musikstück oder zu einem Thema oder einem bestimmten Arrangement tagsüber umsetzen. Die Arbeit der Komposition bleibt mir nicht erspart, aber die Ideen sind toll! Ein ganzes Arrangement kann ich nicht aus dem Traum herausholen, aber einzelne Ideen! Im Traum Musik zu hören, ist übrigens ein wunderbares Erlebnis – berührender als die meisten anderen Träume!«

Blixa Bargeld berichtet in einem Artikel in der »Zeit«, wie er aus seinen Träumen Musik macht – wunderbar wie Zufälle eben sind! Blixa Bargeld wurde Anfang der Achtzigerjahre als Sänger der »Einstürzenden Neubauten« bekannt. Er beginnt mit »Träume waren schon immer wichtig für mich, als Mensch und als Künstler... In meinem Laptop habe ich alle Traumprotokolle der letzten Jahre und alle Notizen gesammelt, die aus Träumen entstanden sind... So entstehen Stücke und Texte ... Das Stück *Ich komme davon* basiert auf einem Traum, den ich in meinem Leben sehr oft hatte. In diesem Traum gibt es immer eine Leiche, versteckt in meinem Keller oder im Kofferraum meines Wagens. Ich bin immer unschuldig – und gerate trotzdem in Panik, weil ich weiß, dass ich der Hauptverdächtige bin, man mir den Mord anhängen wird und es für mich kaum eine Chance gibt, mich herauszuwinden.

Ich gerate mit der Leiche im Kofferraum in eine Verkehrskontrolle oder mein Haus wird durchsucht. Mein Herz rast, ich rechne jeden Moment damit, dass sie die Leiche finden, aber irgendwie komme ich am Ende dann doch davon.

In dem Traum, auf dem unser aktuelles Stück *Magyar Energia* basiert, gehöre ich einer Kommission an, die die Kraftwerke Ungarns auf Sicherheitsrisiken überprüfen muss und entscheidet, diese zu schließen, da sie zu alt und zu unsicher sind. Seltsam daran ist, dass ich den Namen Energiegesellschaft korrekt geträumt habe, sie heißt tatsächlich so, Magyar Energia. Mir war nicht bewusst, den Namen jemals gehört zu haben.«

Schauspieler und auch Menschen, die Computerprogramme entwickeln, erzählen von Träumen, die ihnen zur Lösung einer schwierigen Aufgabe verholfen haben. Allen gemeinsam ist, dass sie sich tagsüber mit diesem Problem intensiv beschäftigt haben. Ein Programmierer, der an einem meiner Workshops teilgenommen hat, erzählte, dass er an einer sehr schwierigen Aufgabe gearbeitet habe, die ihn voll in Anspruch genommen hat. Während dieser Arbeit habe er eines Nachts von Schuhschachteln geträumt. Die Schuhschachteln waren verschieden angeordnet und zugleich ineinandergesteckt. Diese Idee der Verschachtelung hat er dann tags darauf bei seinem Programm angewandt, und siehe da, das schwierige Problem war gelöst!

Selbstverständlich hat das Thema Traum auch die Filmszene nicht unberührt gelassen. So hat Richard Linklater einen ganzen Film dem Träumen gewidmet: Waking Life. Intensiv beschäftigt hat sich Andrea Maria Dusl, Autorin, Regisseurin und Kolumnistin. Ihre eigenen Klarträume sind Grundlage eines ihrer Drehbücher. Der Protagonist träumt von einer Frau, die er später in der Wachrealität treffen wird und in dem sich Traum- und Wachwelt wunderbar vermischen. Sie sagt selber über ihr neues Projekt: »In ›Channel 8‹ geht es um Traum und Wirklichkeit. Der Film handelt von einer Person, die an der Grenze zwischen klarem Träumen und tatsächlichem Erleben lebt, wobei das klare Träumen ja auch Erleben ist. Weil die Wirklichkeit die Qualität von einer Projektion hat. Man kann die Wirklichkeit auch für einen Traum halten. Wirklichkeit und Traum, wie die miteinander umgehen und was das in einem Individuum auslöst. Davon handelt dieser Film und auch davon, ob Bilder wandern können. Daran glaube ich. Wir wissen ja, dass manchmal Gedanken wandern, wie das geht, weiß ich nicht, aber Leute denken zur gleichen Zeit aneinander oder sagen dasselbe. Ich denke mir, dass Bilder auch wandern, auch Trauminhalte, dass auch Träume von einer Person zur anderen gehen.«

Andrea Maria Dusl erzählt sehr viel Spannendes über ihre Traum-Filmwelt. Einige Gedanken möchte ich hier wiedergeben:

»Wenn ich Filme mache, merke ich, dass Filme tatsächlich Träume sind. Die Filme, die man im Kino sieht, haben ja was Traumartiges, du bist ja entkörpert, sitzt in einem dunklen Raum, und das Einzige, was man sieht, ist eine Handlung, die, auch wenn sie ganz realistisch ist, wie ein Traum vor dir abläuft und dir widerfährt. In dir sind Emotionen, die den ganzen Katalog an persönlichen Gefühlen hervorrufen. Kino entspricht dem Traum sehr sehr stark, Fernsehen ist abgelenkter. Ich glaube, dass bei Film und Traum ähnliche Mechanismen bewegt werden.

Überhaupt denke ich, dass Film nur funktioniert, weil Menschen träumen. Würden Menschen nicht träumen, gäbe es den Film nicht. Die Dinge haben sowohl im Film als auch im Traum eine andere Qualität. Zeitsprünge sind möglich, Ortssprünge. Alles, was der Traum kann, kann auch der Film. Im Moment leben ja überhaupt nur Menschen, die im Filmzeitalter auf die Welt gekommen sind, und vielleicht bedingt das eine das andere. Man müsste Menschen untersuchen, die noch nie mit Filmen in Berührung gekommen sind, und versuchen herauszufinden, ob sie anders träumen.

Wenn ich selbst ein Drehbuch schreibe, kommen eigentlich immer visualisierte Trauminhalte vor. Das passiert auch dann, wenn ich plane und ordne und mit Dramaturgie arbeite. Trotzdem füllt sich das Skript mit Traumbildern. Die Bilder sind so stark, dass ich sie weder steuern noch verhindern kann. Die passieren einfach!

Ich habe an mir selbst erfahren, dass das Ausdenken gar kein Ausdenken ist, sondern das Abrufen von Gesehenem. Nicht alle Bilder kommen in den Film, manche, die vielleicht auch stark waren, sind einfach nicht vorgesehen für den Diavortrag – meinen inneren Diavortrag für einen bestimmten Film. Das kommt mir vor wie Traumarbeit – die Figuren fangen zu leben an.

Unser Hirn ist wie ein Videorekorder, der alles aufnimmt – ich frage mich nur, wo der Filter ist, bei der Aufnahme oder bei der Wiedergabe – irgendwo muss er sein. Wie ausgewählt wird, kann ich nicht sagen! Vielleicht ist Träumen ein Zusammensetzen von Bildern, die etwas Wichtiges repräsentieren.

Wenn ich eine Auftragsarbeit übernommen habe, ist der beste Weg für mich nicht, mich mit Papier und Bleistift hinzusetzen, sondern mich sozusagen auf die ›Freudcouch‹ zu legen und an gar nichts zu denken. Da kommen Bilder, setzen sich zusammen, sie werden immer konkreter, und es ist so, als ob die Schärfe zunehmen würde, es schiebt sich alles zusammen, und auf einmal ist das – zack – ein Bild. Das ist dann aber so präzise und schon völlig fertig gedacht. Ich muss es dann nur noch abmalen. Das Bild kann ich nicht verändern – das ist wie eine Fotografie im Hirn – das hat sich manifestiert, das ist wie ein Traumvorgang.«

Karina Ressler, eine der besten Cutterinnen im deutschsprachigen Raum, erzählt mir zu meinem großen Erstaunen Folgendes – großes Erstaunen, denn ich kenne Karina als sehr inspirierte, aber doch rational-logisch-orientierte Filmemacherin:

»Wenn man sich mit etwas total beschäftigt, ist es gut, sich hinzulegen und auch zu träumen. Da kommt es zu einer Art Optimierung des Verständnisses, von alldem, was man gelesen, gesehen oder womit man sich beschäftigt hat. Wenn man dann aufwacht, ist man bereit, auf einer anderen Ebene. Man ist einfach dichter am Thema, an dem Film, an dem Stoff, mit dem man sich beschäftigt hat. Wenn man aus einem Film kommt, träumt man ihn weiter. Der Clou ist, dass man es weiterträumt und mit dem eigenen Erfahrungsschatz anreichert in diesem unbewussten Zustand und dass man dann herauskommt, als ob man diesen Stoff über Jahre hinweg behandelt hätte. Das ist für mich so beim Mittagsschlaf, beim Kurzschlaf. Der Stoff kommt mit dem eigenen Unbewussten zusammen, und so kommt man zu einer weiteren Form, wenn man aufwacht, weiß man über alles mehr, über sich selbst, über den Stoff. Ich mache das oft, wenn ich die Möglichkeit dazu habe. Wenn ich viel erlebt habe, brauche ich meinen Schlaf, um mit mir wieder ins Reine zu kommen.

Ich lese z. B. Drehbücher oder habe einen Rohschnitt gesehen, auf den ich Bezug nehmen soll, wenn ich darüber schlafe, dann weiß ich, dass dieser rein rationale, nur alltagsbezügliche Kontext ausgeschaltet wird und das Ganze zu einer größeren Rundung kommt. Man taucht ab in eine andere Dimension, und wenn man wieder wach wird, habe ich einen Mehrwert aus den Kurzträumen, die diesen Stoff weiterentwickelt haben.

Wenn ich träumen will, lege ich mich zu einem Mittagsschlaf und genieße schon die Bilder beim Einschlafen. Oder ich stelle mir den Wecker am Morgen mehrmals. Zum Glück hab ich einen gesegneten Schlaf, normalerweise lege ich mich hin und schlafe und schlafe durch, aber ich kann eben auch dafür sorgen, dass ich Träume habe. Wenn ich das nicht einschalte, passiert das nicht, aber wenn ich es haben will, weiß ich, wie.

Für mich ist der Schlaf die Regenerationsphase, wo alles passiert, wo mein Körper und meine Seele gereinigt werden, wo beide aufgefüllt, mit Vitaminen versorgt werden. Wenn ich z. B.

beim Drehen bin, kann ich tagelang ohne Essen sein, aber wenn ich zu wenig schlafe und damit auch zu wenig träume, dann werde ich unausstehlich. Für mich ist Schlaf wichtiger als Nahrung.«

Bildende Kunst, Malerei und Zeichnungen sind wohl der direkteste Weg, Träume darzustellen. Jeanette Schulz hat mich vor einigen Jahren kontaktiert, weil sie sich Tipps zum Klarträumen holen wollte. Jeanette Schulz ist Bildende Künstlerin, hat Malerei und Neurowissenschaften studiert. Heute zeichnet sie unter anderem Illustrationen für Wissenschaftsverlage und Karikaturen. Besonders interessieren sie Memotechniken und Humorforschung, die sie u. a. mit den Medien Comic und Modell, an der Schnittstelle zwischen begrifflich Fassbarem und Absurdem, untersucht. Sie hat ihr ganzes Leben lang schon sehr dichte Träume. Träume tragen sie durch's Leben. Das, was sich unbewusst meldet, das taucht dann ganz rein in ihren Träumen auf. Sie beginnt gleich im Bett zu zeichnen, wo sie Blöcke, Stifte und ein Sprechgerät parat hat.

Träume darstellen

Jeanette hat von Geburt an eine seltene Wachstumsstörung, das Klippel-Trénaunay-Weber-Syndrom. Träume spielen in ihrem Leben seit ihrer Kindheit eine große Rolle:

»Ich kann mich an Träume erinnern, die ich als Kind hatte«, erzählt sie. »Einmal hatte ich einen aberwitzigen Traum, einen Paralleltraum mit meiner Oma. Ich habe geträumt, dass die Schwester meiner Großmutter plötzlich gestorben war und ich hatte mich hinter einer Masse von Steinen versteckt. Am nächsten Morgen erzähle ich den Traum, und meine Großmutter sagt, dass sie genau dasselbe geträumt habe, aber eben aus ihrer Sicht. Dann klingelt das Telefon, und wir erfuhren, dass ihre Schwester gestorben sei. Das haben wir beide im Traum vorweggenommen! Ich war damals fünf Jahre alt. Später hatte ich auch noch einmal einen verrückten Paralleltraum mit meiner besten Freundin.

Da habe ich begonnen, darauf zu achten, was ich träume. Während des Kunststudiums habe ich mir angewöhnt, Träume als Inspirationsquellen zu nutzen. Viele Geschichten habe ich

Träume als Inspirationsquelle

vorweg geträumt, vor allem von künstlerischen Arbeiten. Die haben sich so zusammen konfiguriert. Das ist immer ein tolles Erlebnis.

Ich weiß auch nicht, wie das geht. Jedenfalls, wie kann ich das erklären – ich denke über etwas nach und mache mir Skizzen, bin aber unzufrieden. Im Traum dröselt sich das dann auf. Ich muss aber auch intensiv genug drüber nachdenken. Dann finde ich plötzlich im Traum eine absurde Klarheit. Dann sehe ich das richtig vor mir und weiß, wie es weitergeht.

Was ich im Traum sehe, passt dann auch mit der Theorie, mit der ich mich gerade beschäftige, zusammen. Was ich zeichne, ist gar nicht viel anders, sondern das, was ich im Traum gesehen habe. Da geht's um Objekte, Zeichnungen, Malerei und Projekte, große Tableaus, Modellobjekte. Das sind theoretische Objekte, die ich baue. Oft sind es Auftragsarbeiten aus dem Wissenschaftsbereich, auch für Ausstellungen.

Ich sortiere im Augenblick nach architektonischen Träumen, nach Tierträumen, nach körperlichen Träumen und nach gegenständlichen Träumen.

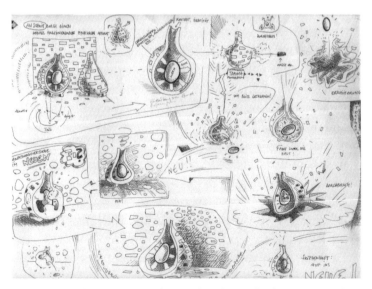

Jeanette Schulz: Traum von der Psyche als tropfenförmiger Holzleib

Ein Schweizer Psychiater wollte eine Arbeit von mir über Freuds ›Psychischen Apparat‹. Inspiriert hat dann auch wieder ein Traum. Die Form der Psyche hab ich als tropfenförmige Holzleiber geträumt – das kann man in dem Bild ganz gut sehen. Träume sind mein zweites Leben, ich schöpfe da richtig draus.

Manchmal, wenn ich etwas höre, hab ich körperliche Empfindungen dabei, z. B. in der Hand. Manchmal kann ich's richtig so runtertunen, und manchmal, wenn ich lustig drauf bin, dann lass ich's so richtig toll geschehen. Als Kind hat man mich oft gehänselt, weil ich so dagestanden bin und gelächelt habe. Da hab ich die Zustände gehabt, so Erlebnisse außen, und in mir drin ist es weitergegangen. Da musste ich immer lächeln. Das sind dann so Automatismen, die kann ich dann nicht abschalten. Bei mir ist die Aufwachphase die kreativste: Da sind die Träume absurd und extrem farbig. Das Aufwachen ist die beste Phase, es ist die absolute Zwischenwelt, das Absurde ist noch voll im Kopf, und das kann ich dann aber voll manipulieren, das kann ich noch weiter nutzen.«

Margaret Schwarz, auch Bildende Künstlerin in Wien, erzählt: »Wenn ich mich mit einem Thema stark auseinandersetze und sich allein durch logisch-lineares Denken keine Lösung findet, ›werfe‹ ich die Fragestellung quasi in meinen inneren Ressourcenpool, oder impliziten Wissen, sammle zusätzlich ständig Informationen auch zu vollkommen fremden Bereichen und übergebe an mein ›Inneres Netzwerk‹. Der komplexe Prozess, der dadurch in Gang kommt, ›läuft dann wie von selbst‹: Ideen, Antworten, Resultate steigen auf. Wann, wo und in welcher Form, weiß man im Vorhinein nicht. Traumbilder halte ich dann malerisch oder mit anderen Medien, schriftlich, Computer oder Foto fest. ›Es‹ arbeitet Tag und Nacht und ist nicht wie bei einem Computer beliebig ein- und ausschaltbar und kann mich am Einschlafen hindern. Ich hab das einmal wie eine Diashow erlebt. Es war Abend und ich wollte schlafen, aber da ist ein Bild nach dem anderen aufgetaucht, wie bei einem Lichtbildervortrag dahingerattert. Ich zeichne diese Bilder dann einfach ab.«

Folgende Übung führt Sie an Ihr kreatives Potenzial heran, egal ob
Sie schreiben, malen, forschen ...

■ Nehmen Sie sich vor dem Einschlafen vor, dass Sie von Ihrer
Fragestellung träumen. Im Detail geht man so vor:

■ Sind Sie in einem Bereich tätig, dessen Ablauf Sie bestimmen
können, wie schreiben oder malen, empfehle ich, diese Tätigkeit
immer zur selben Uhrzeit mit demselben Ritual einzuleiten – die
Beschreibung haben Sie sehr schön bei Stephen King oben. Sie
sagen sich oder Ihrem Unbewussten damit: Zeit zu träumen ...

■ Wichtig ist auch, dass Ihnen Ihre Tätigkeit ein existenzielles
Anliegen ist, wofür Sie ununterbrochen »sammeln«, wie etwa
August Kekulé sein ganzes Leben danach ausgerichtet hatte,
die Struktur des Benzols zu entschlüsseln. Sie sollten sich ganz
erfüllen lassen von der Aufgabe, um die es Ihnen geht.

■ Dann ist es sicherlich leicht, sich auch noch von Ihrer Traumwelt
inspirieren zu lassen – denn Sie lassen sich den ganzen Tag über
und damit auch die Nacht über inspirieren. Sie sind von einem
Traumbiotop umgeben. Es ist, als ob Sie von Ihren Träumen ununterbrochen umgeben wären, es aber meistens nicht bemerken.

■ Kurz vor dem Einschlafen rufen Sie sich all diese Gedanken noch
einmal in Erinnerung mit dem Wunsch, ganz leicht und wie von
selbst in diese Traumwelt einzutauchen, hinüberzugleiten in
die Welt der Bilder, um von Ihrem Roman, Bild – was auch immer
es ist, das Sie so sehr beschäftigt, dass Sie es sich in Ihren Träumen wünschen – zu träumen, sich von den Bildern der Nacht
mit Ideen zu versorgen, die tagsüber verschlossen bleiben.

■ Sie freuen sich darauf, von Ihrem im Moment am meisten
geliebten Tun in wenigen Augenblicken zu träumen. Sie gleiten
mit der Gewissheit, jetzt, wenn Sie träumen, von Ihrer Aufgabe
zu träumen, erwartungsvoll und voller Neugier in den Schlaf
und damit in den Traum und wissen gleichzeitig, dass Sie sich
jedes Detail Ihrer nächtlichen Inspiration merken.

■ Papier und Bleistift liegen in Ihrer Nähe bereit ...

Beenden möchte ich das Buch mit einem letzten Beispiel: Anna Stangl, Zeichnerin, die als freischaffende Künstlerin in Wien lebt, sagt über ihr Träumen: »Träume sind wichtige Inspirationsquellen für mich, Tag- wie Nachtträume.

Gute Zeiten heißt für mich, viel zu träumen, wie z. B. auf Reisen. Manchmal erinnere ich mich in den Reiseträumen an andere Reisen, ja sogar an andere Reiseträume. Sind die Träume stark, so bleibt das Gefühl, die Stimmung, bleiben die Bilder auch im Wachzustand bestehen. Ich nehme diese Stimmung dann mit ins Atelier (passe auf, dass nichts davon verloren geht) und versuche, ein Bild, wenn es gut und stark ist, aus diesem Traum zu finden, oder aber ich nehme die Stimmung und versuche, eine Bildmetapher dafür zu finden. Schwierig ist es, das Dunkle, Vage und Unbestimmte, das Schwerelose, das Träume an sich haben, in ein konkretes Bild zu verwandeln. Manchmal arbeite ich dann mit Transparenz, zeichne auf die Hinterseite des Blattes etwas, das dann leicht nach vorne durchscheint, eine andere Bewusstseinsebene, eine Schattenwelt darstellend. Manchmal überrascht mich ein Traum, als hätte ihn sich eine andere Person ausgedacht. Das gefällt mir, denn es gibt mir Ideen, die ich im Wachzustand nicht hätte finden können.«

Anna Stangl: »Träumen«

# Epilog

Lange habe ich überlegt, ob ich zum Abschluss doch noch verrate, was mir beim Schreiben dieses Buches klar geworden ist, oder ob es Ihnen, geehrter Leser, geehrte Leserin, ohnehin auch selber schon klar geworden ist: Das Träumen ist maßgeblich an unserer Entwicklung beteiligt – was wäre aus uns geworden, wenn wir nicht REM-schliefen und träumten? Der Traum dient, so prosaisch das auch sein mag, der Adaptation, hilft, dass wir mit neuen Lebenssituationen fertig werden, mit Krisen und neuen Umgebungen und inspiriert uns obendrein. Neue Wahrnehmungen und Erfahrungen, vom Gefühl animiert, nehmen wir auf und eignen sie uns im und durch das Träumen an. Wir formen sie und ordnen sie in Gestalten – Bedeutungsinhalte – höchst effizient, um sie dann wiederum, wenn neue Eindrücke eintreffen, wieder abgleichen und neu formen zu können. Da dieser Prozess nie abgeschlossen sein kann und wir unser Leben lang lernen, folgen wir unserer Neugier, um Neues zu finden, das uns wiederum bereichern wird. Außen und Innen wirken aufeinander, beeinflussen und gestalten einander und bewirken – hoffentlich –, dass wir uns entwickeln, uns mit und in der neuen Welt nicht nur überleben, sondern uns auch bewähren. Der Traum ist im Dienst der Evolution ein Schatz in unserer innersten Welt, der immer neue Geheimnisse birgt. Mit der Eroberung eines jeden neuen Geheimnisses, jeder neuen Gestalt bereichert und erfüllt er uns!

# Literatur*

Aquin, T. von (1947): Summa theologica (Vol. 1). New York: Benzinger Brothers

Augustinus (in: Kelsey, M. T.) (1974): God, dreams and revelation. New York: Augsburg

Aristoteles (1924): Kleine naturwissenschaftliche Schriften. Leipzig: Felix Meiner

Aristotle (1933): Parva Naturalia (Ross, W. D., Ed., Beare, J., Trans.). Oxford: Clarendon

Aristotle (1952): De somno et viglia. In: Hutchings, R. M., ed.: Great Books of the Western World. Vol. 8. Chicago: Encyclopedia Britannica.

Artemidorus aus Daldis (1881): Symbolik der Träume. Übersetzt von Friedr. S. Krauß: Wien

ASDA – American Sleep Disorders Association (1990): ICSD – International Classification of Sleep Disorders. Lawrence, Kansas: Allen Press

Aserinsky, E.; Kleitmann, N. (1953): Regularly occuring periods of eye motility and concomitant phenomena during sleep. Aus: Science, 118:273

Augustinus (in: Kelsey, M. T.) (1974): God, dreams and revelation. New York: Augsburg.

Bargeld, B. (2007): Ich habe einen Traum. In: Die Zeit, Nr. 8, 13. Feb. 2007

LaBerge, S. (1985): Lucid dreaming. Los Angeles: J. P. Tarcher

Berkeley, G. (1979): Philosophisches Tagebuch. Felix Meiner, Hamburg

Bosnak, R. (1989): Dreaming with an Aids Patient. Boston: Shambhala

Burckhardt, G. (1958): Das Gilgamesch-Epos. Insel Verlag, Leipzig 1958

Cartwright, R. D.; Loyd, S.; Knight, S.; Trenholme, I. (1984): Broken Dreams: A study of the effects of divorce and depression on dreams content. Psychiatry, 47, 251–259

Cicero, M. T.: Der Traum des Scipio. In: De re publica

Dement, W. (1972): Some Must Watch While Some Must Sleep. N. Y.: W. W. Norton

Descartes, R. (1972): Meditationen. Hamburg: Felix Meiner (Nachdruck)

Dictionary of Greek and Roman Biography and Mythology. C19th Classics Encyclopedia

Duden (1963): Das Herkunftswörterbuch. Etymologie der deutschen Sprache. Bibliographisches Institut AG, Mannheim

Epel, N. (1994): Writers Dreaming: Twenty-six Writers Talk About Their Dreams and the creative Process. First Vintage Books

Erlacher, D. (2005): Motorisches Lernen im luziden Traum: Phänomenologische und experimentelle Betrachtungen. Dissertation an der Universität Heidelberg, Institut für Sport und Sportwissenschaft

Fiss, H. (1980): Dream content and response to withdrawal from alcohol. In: Sleep Research, 9, 152

Freud, S. (1960/1900): Die Traumdeutung. Frankfurt/Main: Fischer (erste Ausgabe 1900)

Gackenbach, J.; LaBerge, S. (1988): Conscious Mind, Sleeping Brain. New York: Plenum Press

Gegenfurtner, N. (2006): Prozessanalysen von Klienten- und Therapeutenverhalten im Rahmen von 30 Therapiestunden. Eine empirische Studie über die gestalttherapeutische Arbeit mit Träumen. München: Dissertation

D'Hervey de Saint-Denis, J. M. L., Marquis (1982): Dreams and the means of directing them. London: Duckworth, herausgegeben von Schatzman, M. und übersetzt von Fry, N. (aus dem Französischen: »Les Rêves et Les Moyens de Les Diriger«. Paris: Amyat, 1867)

Hartmann, E. (1984): The Nightmare. N.Y.: Basic Books

Hobson, J. A. (1988): The Dreaming Brain. N.Y.: Basic Books

Hobson, J. A. (1989): Sleep. New York: Scientific American Library

Hobson, J. A. (2003): Dreaming. N.Y.: Oxford Press

Hobson, J. A. (2004): 13 Dreams Freud Never Had. Pi Press, Pearson Scientific

Hochegger, H. (2007): Hunting Rituals in Congolese Tradition Volume 1 (ceeba, II, 165, 211 pp., 2 fig., map, bibliography), CD-ROM

Hochegger, H. (Ed.), Encyclopedia of Ritual Symbolics (R. D. Congo). Topics: Abandon to Zither. Ceeba publications

---

* Diese Literaturangaben setzen sich einerseits aus den Quellen dieses Buches zusammen, andererseits sind es Empfehlungen zur weiterführenden Lektüre.

Holzinger, B. (1991): Interview with Stephen LaBerge and Paul Tholey on Lucid Dreaming. In: Lucidity Letter

Holzinger, B. (1997): Der Luzide Traum – Phänomenologie und Physiologie. Veröffentlichung der Dissertation. Wien: WUV (zweite Auflage)

Holzinger, B. (1995): Luzides Träumen (Audio-CD)

Holzinger, B. (2002): Der luzide Traum. In: Traum-Expedition (Psychoanalytische Beiträge 8). Sigmund Freud Gesellschaft, Frankfurt

Holzinger, B.; Doll, E. (2003): Das Grauen in der Nacht: Angst- und Albträume. In: Das Schlafmagazin, Vol. 3

Holzinger, B.; LaBerge, S.; Levitan, L. (2006a): Psychophysiological Correlates of Lucid REMSleep. In: Dreaming, APA

Holzinger, B. (2006b): Eine Reise durch die Nacht – Zur Physiologie und Psychologie von Schlaf und Traum. Wissenschaftlicher Beitrag im Katalog »Süßer Schlummer«, Hg. Erika Oehring, Residenz-Galerie. München/Berlin: Deutscher Kunstverlag (Im Auftrag der Residenzgalerie Salzburg)

Holzinger, B., Klösch, G. (2006): Cognition in Sleep – a therapeutic Intervention in Nightmares. In: FENS Forum Abstracts, Vol. 3, A053.7

ICD-10: International Classification of Psychiatric Disorders

Jung, C. G. (1973): Memories, Dreams, Reflections. New York: Pantheon

Kant, I. (1947): Kritik der Urteilskraft. Leipzig: Felix Meiner

Kast, V. (2006): Träume. Düsseldorf: Patmos

Kelsey, M. T. (1974): God, dreams and revelation. New York: Augsburg

Kolak, D. (1999): In Search of Myself: Life, Death, and Personal Identity. Belmont: Wadsworth Publishing Company

Krakow, B. (2007): Sound Sleep, Sound Mind. NY, NY: John Wiley & Sons: Imagery Rehearsal Therapy. In: Behavioral Sleep Medicine, 4 (1), 45–70. Lawrence Erlbaum Associates, Inc.

Kramer, M.; Kinney, L. (1988): Sleep Patterns in Trauma Victims with Disturbed Dreaming. Psychiat J Univ Ottawa 13, 12–16

El-Mahdy, Ch. (2000): Tutanchamun – Leben und Sterben des jungen Pharaos. München: Blessing

Maquet, P.; Peters, J. M.; Aerts, J.; Delfiore, G.; Degueldre, Ch.; Luxen, A.; Franck, G. (1996): Functional neuroanatomy of human rapid-eye-movement sleep and dreaming. In: Nature, Vol. 383, 163–166.

Maul, St. (2005): Das Gilgamesch-Epos. Neu übersetzt und kommentiert. München: Beck

Maury, A. (1865): Le sommeil et les rêves. Paris: Didier

Mitscherlich, A. (1972): Kekulés Traum. Psyche 26, 649–655, 1972

Mubuy Mubay (1982): La symbolique des rêves chez les Yansi et populations voisines. In: ceeba II, 70 (220 pp., bibliographie, 1 carte, index)

Norbu, N. (1992): Traum – Yoga. Bern: O. W. Barth

Perls, F. (1992): Ego, Hunger & Aggression. Highland: The Gestalt Journal Press

Perls, F. S.; Hefferline, R. F.; Goodman, P. (1979): Gestalttherapie. Stuttgart: Klett-Cotta

Platon (1978): Der Staat. Verlag Philipp Reclam, Leipzig 1978

Poincaré, H. (1970): Mathematical creation. In: P. E. Vernon (Ed.), Creativity. Harmondsworth

Randall, L. (2006): Das verborgene Universum. Frankfurt/Main: S. Fischer Verlag

Riethmüller, J. W. (2005): Asklepios. Heiligtümer und Kulte. Heidelberg: Verlag Archäologie und Geschichte (2 Bände)

Ruhs, A. (2003): Der Vorhang des Parrhasios. Schriften zur Kulturtheorie der Psychoanalyse. (Hrsg.: Robert Pfaller) Wien: Sonderzahl

Saletu, B.; Saletu-Zyhlarz, G. M. (2001): Was Sie schon immer über Schlaf wissen wollten. Wien: Ueberreuter

Schredl, M. (1999): Die nächtliche Traumwelt: eine Einführung in die psychologische Traumforschung. Stuttgart: Kohlhammer

Skolek, R. (1998): Ganzheit. In: Sedlak; Franz; Gerber, Gisela (Hrsg.): Dimensionen integrativer Psychotherapie. Wien: Facultas

Solms, M.; Turnbull, O. (2004): Das Gehirn und die innere Welt. Neurowissenschaft und Psychoanalyse. Düsseldorf/Zürich: Walter

Stevens, A. (1996): Vom Traum und vom Träumen. Deutung, Forschung, Analyse. München: Kindler

Tholey, P. (1980): Erkenntnistheorie und systemtheoretische Grundlagen der Sensumotorik. Sportwissenschaft, 10, 7–35

Tholey, P. (1980): Gestaltpsychologie. In: R. Asanger & G. Wenninger (Eds.): Handwörterbuch der Psychologie, 178–184

Tholey, P. (1980): Klarträume als Gegenstand empirischer Untersuchungen. In: Gestalt Theory 2, 175–191

Tholey, P. (1981): Empirische Untersuchungen über Klarträume. In: Gestalt Theory 3, 21–62

Tholey, P. (1985): Haben Traumgestalten ein eigenes Bewußtsein? In: Gestalt Theory 7, 29–46

Tholey, P. (1987): Schöpferisch träumen. Niederhausen/Ts.: Falken-Verlag

Tholey, P. (1989): Die Entfaltung des Bewusstseins als ein Weg zur schöpferischen Freiheit – Vom Träumer zum Krieger. In: Bewusst Sein, Vol. 1, No. 1

Tögel, C. (1981): Der Traum. Historisches, Philosophisches und Empirisches zum Thema. Berlin: Phil. Diss.

Ullman, M. (1986): Mit Träumen arbeiten (1. Auflage) Stuttgart: Klett-J. G. Cotta'sche Buchhandlung Nachfolger GmbH

Widmer, P. (2004): Mystikforschung zwischen Materialismus und Metaphysik. Freiburg: Herder

Wittmann, L.; Schredl, M.; Kramer, M. (2006): The role of dreaming in posttraumatic stress disorder (In press)